AF278123

Profesor a mucha honra

Iñaki Jiménez Largo

Profesor a mucha honra

EDICIONES PIRÁMIDE

COLECCIÓN «PSICOLOGÍA»
Sección: Manuales Prácticos

Ilustraciones: Merymay Chuliá

Ediciones Pirámide se compromete con el medio ambiente reduciendo la huella de carbono de sus libros.

PAPEL DE FIBRA
CERTIFICADA

© Iñaki Jiménez Largo
© Ediciones Pirámide (Grupo Anaya, S. A.), 2024
Valentín Beato, 21. 28037 Madrid
Teléfono: 91 393 89 89
www.edicionespiramide.es
Depósito legal: M. 3.482-2024
ISBN: 978-84-368-4936-3
Printed in Spain

Para mis pequeños saltamontes.

ÍNDICE

9

PRÓLOGO

Querido lector, este libro va dirigido a todos aquellos que nos enfrentamos a diario al reto de enseñar a los jóvenes de hoy en día.

¿Cómo hacer que una clase de economía o de matemáticas un viernes a las ocho de la mañana resulte atractiva? ¿Cómo captar el interés de nuestros alumnos hablando de temas tan lejanos para ellos como la inflación, la prima de riesgo, el producto interior bruto, las funciones derivadas, etc.?

La clave es acercar esos temas que *a priori* les parecen tan alejados de su día a día a situaciones que para ellos puedan resultar cotidianas.

A lo largo de este libro pondré a vuestra disposición toda mi experiencia como profesor de economía y de matemáticas (he cumplido las bodas de plata) explicando aquellas estrategias que he aprendido para motivar a mis alumnos durante todos estos años de docencia.

Os tengo que confesar que la mayoría de recursos los he aprendido por el método de «ensayo y error». Es decir, si la estrategia que he seguido no es capaz de captar la atención de mis oyentes, la cambio por otra, hasta que consigo mi objetivo final.

Una vez que he comprobado que un recurso pedagógico me funciona lo vuelvo a repetir, y normalmente tiene éxito, aunque se trate de alumnos de promociones alejadas en el tiempo.

Si en este libro pretendes buscar recursos novedosos basados en la tecnología te has equivocado de texto. Para mí, innovar no significa tener pantallas de plasma en las clases ni ordenadores en los pupitres de los alumnos.

Considero que una persona puede ser un innovador pedagógico sin tener un solo enchufe en su aula. Voy a dar mucha más importancia al aprendizaje significativo a través de «tocar» la fibra de los alumnos. Las personas tendemos a recordar mucho mejor aquello que hemos aprendido en un entorno familiar, amigable y si puede ser con un trato personalizado entre el profesor y el alumno.

Estar dando una clase mientras posas tu mano en el hombro de uno de tus alumnos logra un resultado instantáneo en el grado de atención de tu discípulo. No hace falta más tecnología. Basta con enseñar convenciendo a tu alumno de que ese profesor desea lo mejor para ti. Eso sí, para llegar a este grado de relajación en clase es necesario que tus alumnos tengan muy claro que tú eres el que mandas en clase y que tú marcarás el momento en el que toca reír, tomar apuntes, trabajar en silencio, etc.

A lo largo de este libro, te voy a explicar mi experiencia como docente desde que empecé a dar clases siendo un jovencito hasta la actualidad, en la que podemos decir que ya he sobrepasado la mediana edad.

Espero que la lectura de este libro pueda ayudarte a mejorar o cambiar la manera de enfocar algunos aspectos sobre el complicado y apasionante mundo de la educación.

1 UNA VOCACIÓN INESPERADA

En el mes de junio de 1996 acabé la licenciatura de Administración y Dirección de Empresas. Fui de los primeros de mi promoción en acabar los cinco años que entonces duraban los estudios de Económicas (hoy en día con los grados se acaba en cuatro años) porque me libré de hacer el servicio militar (la mili) debido a unas lesiones que había sufrido en el tobillo durante mi práctica del deporte que siempre he amado: el baloncesto.

La verdad es que cuando llegué al tribunal médico militar no tenía muchas esperanzas de poder evitar la mili, puesto que he de confesar que, a pesar de haber sufrido dos intervenciones quirúrgicas en el mismo tobillo, mi pasión por el baloncesto era tal, que estuve jugando unos cuantos años más.

Cuando una mañana al venir de la facultad mis padres me dijeron que había llegado una carta en la que me declaraban «inútil» para el servicio militar, di un salto de alegría. A partir de entonces, la palabra «inútil» nunca más significó para mí un desprecio o un insulto.

Resumiendo, con veintidós años tenía mi licenciatura bajo el brazo y unas ganas enormes de comerme el mundo. Siempre me había atraído el mundo de las finanzas y en especial de los mercados bursátiles.

No en vano, en la misma facultad de Barcelona había ganado junto con mis amigos un juego virtual de bolsa que organizaba una sociedad que se llama La Llotja de Mar, haciendo honor al edificio barcelonés donde se reunían los mercaderes para contratar y realizar transacciones comerciales.

La verdad es que os podría decir que el premio lo invertí en algún producto financiero o en algún otro negocio, pero os mentiría. El grupo de inversión que había resultado victorioso (formado por mis amigos de facultad) se gastó todo el premio una noche que salimos a cenar y a tomar unas copas. ¿Qué queréis? Teníamos veinte años y unas ganas locas de salir y disfrutar de los atractivos de la noche barcelonesa.

Os explico esta anécdota porque siempre que estamos delante de nuestros alumnos no debemos olvidar que estamos hablando a adolescentes o jóvenes a los que nuestras explicaciones sobre finanzas, empresa, filosofía, matemáticas, etc., nunca les atraerán más que la fiesta universitaria que tienen el próximo viernes por la tarde, que el partido de baloncesto que disputarán el sábado o que la melena de esa chica rubia que les ha robado el corazón desde que la vieron sentada en la fila de atrás.

Y esta desventaja que tenemos *a priori,* la debemos convertir en una oportunidad para usar esa información en aquello que queremos: enseñarles nuevos conocimientos o estrategias.

Retomando mi historia, en junio de 1996 me disponía a pasar las mejores vacaciones de mi vida en el pueblo de Soria donde había pasado toda mi niñez y juventud durante los veranos. Tenía la carrera acabada y pretendía empezar a buscar trabajo al volver del descanso estival, en septiembre.

Y así hubiera sido de no ser por mis padres, que me dijeron que podía mandar algún currículo a los institutos de Bachillerato para trabajar de profesor hasta que encontrara aquello que realmente quería.

NO BASTA CON AMAR A LOS JÓVENES, ELLOS DEBEN DARSE CUENTA (DON BOSCO)

Mis padres eran profesores vocacionales. Desde muy pequeño había oído en todas las conversaciones familiares hablar de la bonita profesión de la docencia. Mis padres se preocupaban por sus chicos como si fueran sus propios hijos. En alguna ocasión, incluso habían traído a casa a alguno de sus alumnos que tenían problemas familiares y sus padres no se habían acordado de ir a buscarlo al colegio.

Debo confesar que había llegado a tener celos de algunos de aquellos chicos porque ocupaban buena parte de las tertulias a la hora de comer o de cenar. Con el tiempo he comprendido que ellos no solamente se preocupaban de que tuvieran un buen nivel académico, sino que realmente amaban a esos chicos con los que compartían tantas horas de clase.

Y creo que aquí está el secreto de ser un maestro con letras mayúsculas: debes amar lo que haces y, por tanto, amar a aquellos jóvenes con los que compartes a diario más horas que con tus propios hijos.

Cuando el alumno se da cuenta de que su profesor quiere realmente lo mejor para él, la partida está ganada. Por tanto, no basta con amar a los jóvenes a los que das clase, ellos deben darse cuenta de este detalle.

La verdad es que mis preferencias en el ámbito laboral no estaban muy claras, pero al igual que la mayoría de mis compañeros creía que pasaban por trabajar en una entidad financiera (era época de crecimiento de ese sector y había mucha demanda de empleo por parte de las cajas de ahorro y bancos comerciales).

El verano no defraudó para nada: recorrí todas las fiestas de los pueblos con mis amigos, con aquella tranquilidad del deber cumplido: ya había acabado la carrera y no tenía prisa por encontrar trabajo (en aquel tiempo era bastante fácil conseguir un trabajo si eras licenciado).

Al volver a Barcelona, recibí una llamada el día 11 de septiembre. Me acuerdo porque ese día es festivo en Cataluña y es muy extraño recibir una llamada de trabajo.

El director de un colegio muy importante de Barcelona me llamó para hacerme una entrevista de trabajo. Necesitaban a una persona que diera matemáticas y contabilidad en BUP (Bachillerato Unificado Polivalente) y COU (Curso de Orientación Universitaria). Actualmente estos cursos han sido sustituidos por los últimos de la ESO (Enseñanza Secundaria Obligatoria) y por el Bachillerato.

La verdad es que pensé: bueno, iremos a la entrevista y si me cogen estaré dando clases hasta que me llamen de algún banco o alguna empresa que necesite un economista.

Recuerdo que el director del centro me hizo pasar a su despacho. Allí me preguntó una serie de detalles personales y me pasó un cuestionario donde figuraban muchísimas preguntas acerca del mundo de la educación. En ese momento me dejó solo y me dijo que tenía media hora para responder a aquellas preguntas.

Nunca me hubiera imaginado que tuviera que realizar una especie de prueba escrita para ser profesor. Aunque jamás había pasado por mi cabeza ser profesor, gozaba de una cierta ventaja. Mis padres durante toda mi infancia y juventud habían debatido en comidas, cenas y reuniones con familiares sobre la situación en la que se encontraba la educación.

Se quejaban de que constantemente cambiaba la ley educativa según el partido político que gobernaba. Eso causaba inestabilidad en las plantillas, ya que, al variar las materias del currículo, también lo hacían las especialidades que se necesitaban para impartirlas, y eso no contribuía a que en los centros existieran claustros de profesores estables durante el tiempo.

También discutían sobre algunas formaciones y orientaciones que recibían de algunos pedagogos que nunca habían pisado un aula. Los oía decir frases como «me gustaría verlo delante de cuarenta adolescentes». Sí, querido lector, aunque ahora te parezca increíble, en los años ochenta y noventa éramos más de cuarenta alumnos por clase.

El caso es que en la educación superior se empezaba a hablar de una reforma que iba a dar mucho que hablar en los años venideros: la ESO y el Bachillerato iban a sustituir para siempre al BUP y al COU.

Esto significaba que, a partir de ahora, los alumnos obligatoriamente estudiarían hasta los dieciséis años, a diferencia del plan de estudios anterior donde al acabar la EGB (educación general básica) podían ir al mercado laboral.

Yo iba respondiendo a todas estas preguntas con las respuestas que había oído dar a mis padres en sus apasionadas tertulias sobre educación.

Y, seguramente, el director del centro se quedó asombrado por la contundencia con la que un recién salido universitario opinaba sobre todos aquellos temas de candente actualidad en el mundo de la educación.

Así pues, debo confesar que, si salí airoso de aquella prueba, fue gracias a los debates de mis padres, dos maravillosos profesores que dedicaron más de cuarenta años al bonito arte de la docencia.

Unos días después recibí una llamada en la que el director me informaba de que contaba conmigo para dar clases de matemáticas y de contabilidad, y que empezaba la semana siguiente.

2. MIS PRIMERAS CLASES

Recuerdo perfectamente mi primer día como profesor, puesto que esa experiencia me sirvió para aprender un par de cosas importantes que me han servido en mi carrera docente.

La primera nada tiene que ver con las aulas. La noche anterior a empezar las clases soñé repetidas veces con diferentes escenarios, en los que me imaginaba explicando y escribiendo en la pizarra ecuaciones matemáticas y conceptos de contabilidad. Toda la noche había estado lloviendo y al sonar el despertador todavía lo hacía.

Salí de casa con mucho tiempo, puesto que no quería llegar tarde el primer día de trabajo, a pesar de que a primera hora no tenía clase. Pensé que los profesores somos un reflejo para los alumnos, y que, si veían que el «nuevo» llegaba tarde a clase, me sería difícil después exigir a mis chicos puntualidad.

La famosa Ronda de Dalt de Barcelona que conectaba el colegio con mi casa estaba totalmente colapsada. A pesar de salir con más de una hora de margen para recorrer los escasos diez kilómetros a los que se encuentra el colegio, el tráfico era un infierno y por primera vez experimenté el estrés que suponía no llegar a tiempo al trabajo por culpa de esa marabunta de coches que inundaba los tres carriles de la vía.

No era la primera vez que me quedaba colapsado en la Ronda, puesto que para ir a la universidad muchas veces me había encontrado en medio de un atasco. Pero la sensación de llegar tarde a una clase no tenía nada que ver con la de llegar tarde a un trabajo por el que te pagaban.

Faltaban diez minutos para que tuviera que presentarme en la sala de profesores y estaba a unos escasos cuatrocientos metros de la puerta de la escuela. Seguía diluviando y los coches se paraban en doble fila para acompañar a los niños y adolescentes hasta la puerta de la escuela.

Unos días antes, hubiera pitado enérgicamente a los conductores que se paraban y obstaculizaban mi paso, pero pensé que podían ser los padres de mis alumnos y tuve que resignarme.

En ese momento pasó por mi cabeza la enorme responsabilidad que supone ser profesor. Nunca dejas de serlo. No se puede ser profesor de ocho de la mañana a cinco de la tarde. Lo tienes que ser toda tu vida, las veinticuatro horas del día. Imaginad que en ese momento de nerviosismo hubiera sacado la cabeza por la ventanilla e increpado a los padres de algún discípulo mío.

¿Qué hubieran pensado de mí? Era lo mismo que fuese el mejor profesor del mundo explicando economía, si no era capaz de reflejar unos valores adecuados el resto del tiempo, nadie me tomaría en serio.

Mientras todo esto pasaba por mi cabeza, vi que quedaba un hueco para aparcar el coche. El colegio tenía aparcamiento privado para los profesores, pero tal y como estaba el tráfico no llegaría a tiempo a mi primera cita como docente.

Miré el reloj. Quedaban cinco minutos para que fuesen las ocho de la mañana. Decidí aparcar el coche y recorrer los trescientos metros que quedaban hasta la puerta del colegio a pie. ¿A pie? La verdad es que no tenía paraguas y corrí como un loco mientras me mojaba toda la ropa de arriba abajo.

Objetivo cumplido: había llegado a la hora. Mientras entraba por la sala de profesores sonó el timbre que avisaba de que eran las ocho de la mañana.

Los que iban a ser mis compañeros (aún no me habían visto) se quedaron mirándome sonriendo. Dos compañeras veteranas (que con el tiempo se convirtieron en dos grandes amigas) se acercaron hacia mí, y después de presentarse cariñosamente, mientras se reían, me acompañaron al baño para que secara parte de la ropa que tenía calada.

A primera hora no tenía clase y pensé que tendría tiempo para secarme y presentarme dignamente ante mis alumnos a la hora siguiente.

Pero el destino tenía reservada una sorpresa para mí. El jefe de estudios entró en la sala y sonriendo me dijo que faltaba un profesor. Como era mi hora de permanencia (son horas que dedicamos a corregir, preparar clases o sustituir en caso de que falte un compañero), me dijo que debía ir a hacer una sustitución a COU C.

QUIEN GANA LA PRIMERA BATALLA TIENE MEDIA GUERRA GANADA

¿COU C? repitieron a coro varios compañeros que todavía estaban en la sala de profesores. A mí la palabra COU C no me decía absolutamente nada, pero parecía que para mis futuros compañeros aquella no era una clase normal. Descubriría el motivo en unos minutos.

Tener que hacer una sustitución es complicado para cualquier profesor. Como no eres especialista en la disciplina que les toca a esos alumnos, no puedes dar clase y, por tanto, se trata de vigilar mientras ellos hacen deberes o estudian en silencio.

Mis padres me habían dado algún consejo antes de ir al trabajo. Mi madre me dijo que debía mantener el orden y el silencio. Eso era requisito fundamental para que siguieran mis explicaciones con atención. A partir de ahí, debía demostrar todo mi ingenio para tratar de que ellos entendieran la materia que les iba a enseñar.

Mi padre fue mucho más explícito. Me dijo «tú no sonrías hasta Navidad». Así que yo estaba preparado para aplicar estos consejos. Pensé que mi físico (soy alto) también me ayudaría a conseguir este objetivo.

Pero lo que no me esperaba era debutar en la clase más complicada del centro con una sustitución.

Durante el trayecto desde la sala de profesores hacia la clase los compañeros que acababa de conocer se miraban entre sí y sonreían. Murmuraban entre ellos, esperando seguramente que en breves momentos aquella clase se convirtiera en una olla de grillos donde los alumnos gritasen frenéticamente poniendo a prueba mi paciencia.

Pero no fue así. Al entrar todos callaron y empezaron a mirarme asombrados. Era el nuevo, estaba claro que me pondrían a prueba.

Me presenté y les dije que sacaran alguna cosa para estudiar. ¡Vaya tontería!

Era el primer día de curso y no habían hecho ninguna clase todavía. Pronto empezaron a murmurar entre sí. Yo no sabía muy bien qué hacer. De repente uno de ellos lanzó una bola de papel a otro. Después supe que ese alumno era uno de los que con cariño llamamos «perla». Es decir, un alumno que daba muchos problemas de disciplina.

Lo que a continuación contaré no es ninguna lección de pedagogía ni mucho menos. Es algo que hice con la inconsciencia de mis veintidós años y una experiencia nula en el mundo de la docencia. Me dirigí hacia él, le lancé la bola de papel y mirándole a los ojos le dije lo más serio que pude: «Coge la bola y tírala ahora mismo a la papelera». Noté cómo el chico se ponía muy nervioso. No sabía si desafiarme y mantener el rol de chico malo de la clase u obedecer a aquel profesor nuevo que le mantenía la mirada y no estaba dispuesto a marchar de su espacio físico hasta que obedeciera su orden.

El resto de la clase estaba completamente paralizado. No se oía absolutamente nada. Era un momento de máxima tensión.

Tuve suerte. El chico agachó la cabeza, se levantó y tiró el papel a la papelera. Había ganado la batalla, pero arriesgándome a perder la guerra.

Si la respuesta del alumno hubiera sido otra, mi debut como profesor se habría convertido en un verdadero fiasco.

Unos años más tarde aprendí que aquello que hice era lo peor que podría haber hecho. Invadir el espacio físico de aquel alumno, ponerlo entre las cuerdas y acorralarlo es una de las peores estrategias que se puede adoptar ante un conflicto. No obstante, tuve la suerte del principiante y logré que me hiciera caso.

En ese momento, el líder de la clase no se había atrevido a desafiar al nuevo profesor. De alguna manera sabía que ninguno más en ese grupo se atrevería a cuestionar mi autoridad.

Tras este primer encontronazo en el famoso COU C, se me ocurrió que como el año anterior habían hecho contabilidad, les pondría un ejercicio de repaso que más tarde corregiría en la pizarra.

Todos sacaron en silencio su libreta y se dispusieron a realizar el ejercicio que les había propuesto.

Sin saber por qué motivo, al cabo de unos minutos pasé por la mesa del chico rebelde y le pregunté su nombre. Le rectifiqué cariñosamente una operación que estaba haciendo mal, mientras le ponía la mano encima de su hombro.

Me había dado cuenta de que era muy alto. «¿Juegas a baloncesto?», le pregunté. Le dije al oído que a la hora del patio le desafiaba a un partidillo de baloncesto.

Su cara cambió por completo. Toda la tensión que tenía acumulada desapareció y me regaló una sonrisa sincera.

Unos minutos más tarde comprobé que tenía bien el ejercicio y le hice salir a la pizarra, con la seguridad de que lo haría bien delante de sus compañeros.

Se llamaba J. S., uno de los chicos que, como después me comentaron el resto de profesores, más problemas de indisciplina había causado en el colegio.

Sonó el timbre que anunciaba el final de la clase. Los últimos cincuenta minutos me habían pasado volando. Habíamos hecho un par de ejercicios más que expliqué en la pizarra. Las caras de los chicos eran agradables, parecía que te estaban diciendo «**entiendo lo que explicas, lo haces bien**».

Salí contento de la clase, ante la perplejidad de mis compañeros que no se explicaban muy bien cómo había salido victorioso de esa primera experiencia en el famoso COU C, con el temible J. S.

En ese momento yo tampoco supe muy bien qué es lo que había hecho para superar esa situación.

Con el tiempo, analizando mis actuaciones descubrí algunas recetas importantes que suelen funcionar.

En primer lugar, es fundamental **identificar a los líderes tanto positivos como negativos** de cada curso. Debes intentar convertirlos en tus aliados y de esa manera tienes ganada la batalla de la disciplina.

Por otro lado, es fundamental **dejar claro quién manda en clase,** pero a la vez debes intentar tener un **trato cercano y familiar** que provoque que tus alumnos te vean como alguien que quiere ayudarlos a conseguir sus objetivos.

Por último, debes **disfrutar y apasionarte** con aquello que haces. Los jóvenes tienen un sexto sentido y saben perfectamente cuándo estás entregándote al máximo y disfrutando de la sesión o cuando simplemente estás deseando que toque el timbre que marca el final de la clase.

Como os podéis imaginar, antes de que acabara el día todos los alumnos de Bachillerato conocían el famoso incidente con J. S. y cómo después habíamos jugado en el patio un partido de baloncesto juntos.

Sin saberlo, ese chico había sido mi mejor padrino en mi nuevo trabajo. A partir de ese momento no debería preocuparme por el comportamiento de mis alumnos y podía centrarme en disfrutar y hacer disfrutar con aquello para lo que me habían contratado: dar clases de economía y matemáticas.

CONSEJO:

Mejor parecer un poco serio a que te tomen a broma.

Y LA MAGIA APARECIÓ

Como os he explicado antes, nunca había pensado dedicarme a la docencia. Pensaba pasar algunos meses enseñando algo de economía y matemáticas a aquellos adolescentes (algunos solamente tenían cuatro o cinco años menos que yo) hasta que me llamaran de algún banco o alguna empresa en la que desarrollaría mi carrera profesional.

Después de aquella primera sustitución en COU C tenía una hora libre en la que coincidí con dos compañeros en la sala de profesores. Tras mi primera hazaña con el «temible» J. S., tenían ganas de hablar conmigo y preguntarme cómo me las había ingeniado para sobrevivir a aquella tortuosa hora de sustitución.

Cuando les expliqué lo que había sucedido no pudieron evitar soltar una carcajada. Desde luego, no había utilizado el decálogo del pedagogo para lidiar con aquella situación, pero lo cierto es que había salido airoso.

Por fin llegó la tercera hora de la mañana en la que tenía clase de economía, en tercero de BUP.

Entré en la clase (sin sonreír como me habían aconsejado) y me presenté. Sin saber muy bien por qué, mi mirada recorría a cada uno de los alumnos que se encontraban en la clase, como si mis palabras estuvieran destinadas en particular a cada uno de los chicos y chicas que llenaban la estancia.

Hablé lento, tranquilo, con seguridad y me atreví a sentarme en una de las mesas de la primera fila que estaban vacías.

Noté cómo los chicos y chicas no me apartaban la mirada y eso me hizo sentir muy bien.

Brevemente expliqué el programa que seguiríamos durante la primera evaluación. Era una materia de la que nunca habían oído hablar y no tenía mucho sentido hacerles una programación pormenorizada (a eso llamamos hoy en día guía de la materia).

Debía introducir el concepto de economía y no se me ocurrió mejor idea que lanzar una pregunta a uno de los alumnos que ocupaba las últimas filas.

«¿Podrías decirme bienes o servicios que necesites para ser feliz?». El chico empezó a responder infinidad de bienes materiales y servicios como la sanidad, la educación (para quedar bien conmigo), la seguridad, la vivienda, la ropa, etc.

Cuando acabó, pregunté al resto de la clase: «¿Alguien puede decir alguno más?». Todos los alumnos de la clase levantaron la mano a la vez.

En ese momento, comencé a esbozar el concepto de economía.

—Como podéis apreciar existen infinidad de necesidades, como habéis apuntado, pero los recursos que tenemos (tiempo, mano de obra, materias primas...) son limitados. Por tanto, podemos decir que la economía es aquella ciencia que intenta satisfacer necesidades ilimitadas con recursos limitados, de la forma más eficiente posible.

Todos los chicos y chicas apuntaron esta definición en su libreta. A continuación, antes de que surgiera la pregunta sobre qué es la eficiencia, me senté al lado de dos jóvenes de las primeras filas.

—En la definición he utilizado la palabra eficiencia. Voy a explicaros qué significa. ¿Cómo os llamáis?

—María, Edu —me respondieron.

—Pues bien, imaginad que María y Edu se ponen como objetivo este verano realizar el camino de Santiago. Tanto uno como el otro, consiguen llegar a la meta, por tanto, podemos decir que han cumplido su objetivo: son eficaces. Pero uno de ellos, María, ha destinado 15 días en conseguirlo, mientras que Edu lo ha hecho en 25 días. Podemos decir que uno de los dos es eficiente además de eficaz. ¿Podríais decirme quién es?.

La mayor parte de la clase levantó la mano. Sabía que era lo mismo a quién preguntase porque iba a responder de forma acertada. Me decidí por un chico que parecía de los más tímidos y, en efecto, respondió correctamente. Le felicité mientras decía su nombre y ponía mi mano sobre su hombro.

—¿Habéis entendido el concepto de economía?—. Todos asintieron con la cabeza.

Estaba relajado y feliz. La magia de la docencia había penetrado por mis poros y no me abandonaría nunca más. Disfruté de cada minuto de la clase y llegué satisfecho y contento a la sala de profesores. En efecto, la docencia me había cautivado.

LAS CLASES DE MATEMÁTICAS

Durante los días previos a empezar las clases me había centrado en preparar, por encima de todo, las de la asignatura de matemáticas. Me habían contratado como profesor de economía, pero durante unos meses me asignaron sustituir en matemáticas a un magnífico profesor, Carles, que más tarde resultó ser un gran compañero y amigo.

Así como en las clases de economía tenía la seguridad de ser todo un licenciado que tenía como discípulos a alumnos que no habían tenido ningún contacto con la economía, en las clases de matemáticas no me sentía con la misma seguridad.

Por ese motivo había preparado desde el primer hasta el último problema de las lecciones que tendría que explicar a los chicos.

El hecho de haber empezado con las clases de economía, en las que me desenvolvía con naturalidad y pasión, hizo que tuviera una buena reputación a la hora de empezar con la nueva materia.

Es curioso, pero los chicos que tienen un profesor que les gusta en una materia, creen que sabe absolutamente de todo. Por ese motivo, los docentes tenemos una inmensa responsabilidad, y no solamente debemos ser expertos en nuestra disciplina, sino sentir inquietud por tener unos conocimientos amplios en el resto de materias a las que se enfrentan nuestros adolescentes.

Cuando entré en la clase para dar mi primera lección de matemáticas, tenía que hablar de los logaritmos. El nombre ya producía pánico entre los pobres chicos.

Así que opté por quitarle importancia.

— Lo que vamos a explicar hoy es muy sencillo. ¿Sabéis hacer potencias?

—Por supuesto —respondieron al unísono.

Yo ya era consciente de que llevaban varios años trabajando la potenciación y la radicación (raíces), así que intuía que la respuesta a mi pregunta sería afirmativa. Decidí escribir una potencia muy sencilla en la pizarra:

La magia de la docencia había penetrado por mis poros y no me abandonaría nunca más.

$$3^2 = 9$$

Las caras de los alumnos empezaron a relajarse.

—Voy a haceros algunas preguntas. Imaginad que vuestra incógnita es el resultado de la potencia:

$$3^2 = x$$

—¿Me podríais decir cuál es el resultado?—. Todos respondieron en voz alta que el resultado de 3 al cuadrado era 9.

—Muy bien —les dije—. Esta operación que habéis hecho se llama **potenciación** y trata de averiguar el resultado de la potencia que he escrito. A continuación, os formularé otra pregunta diferente. Imaginad que vuestra incógnita es la base de la potencia:

$$x^2 = 9$$

—¿Podríais decirme cuál es la base?—. Todos respondieron que se debía realizar la raíz cuadrada de 9 para hallar el resultado. Es decir:

$$\sqrt{9} = 3$$

—Fantástico —respondí—. ¿Qué nos queda por hallar en esta potencia?

Los alumnos respondieron que el exponente de la potencia.

—En efecto —contesté yo—. Pues calcular logaritmos es tan sencillo como hallar el exponente de esta potencia:

$$3^x = 9$$

Pero lo plantearemos de esta manera:

$$\log_3 9 = x$$

De ahora en adelante lo expresaremos como logaritmo en base 3 del número 9. Y la pregunta que nos haremos es la siguiente: ¿A qué exponente debemos elevar la base (3) para conseguir el número 9?—. Todos contestaron que al número 2.

—En efecto, ya sabéis hacer logaritmos—. Todos se miraron sonriendo y comentando que esto era muy fácil, a pesar del nombre tan *raro* que tenía.

Me pasé el resto de la clase haciendo algunos ejemplos más y me encargué de que todos los alumnos participaran, y además lo hicieran bien.

Mi objetivo era que tuvieran confianza en sí mismos y que comprendieran que no hay nada difícil, sino cosas que entendemos y cosas que todavía no hemos logrado comprender.

Cuando acabé la clase reflexioné sobre lo sucedido y me di cuenta de que era fundamental depositar sobre los alumnos unas expectativas positivas.

Creer en el alumno y que el profesor le transmita ese sentimiento es fundamental para que logre el éxito en sus propósitos académicos.

Unos años más tarde, en una formación de profesorado, me enteré de que ese descubrimiento tiene un nombre: se llama **efecto Pigmalión**.

Existe una leyenda que cuenta que el rey Pigmalión de Chipre buscaba desesperadamente una esposa. Pero ninguna era capaz de despertar el deseo del amor en él. Como era un gran escultor, decidió hacer una escultura con forma de mujer a la que llamó Galatea. Pigmalión expresó en esa obra todas las cualidades físicas que quería que tuviese su mujer. Tanto es así, que acabó enamorándose de ella. Un buen día, Afrodita, la diosa del amor, conmovida por la gran pasión que Pigmalión profesaba a Galatea, decidió dar vida a la estatua y la convirtió en una mujer de verdad.

Esta leyenda de Pigmalión es una exageración, pero aplicada a la educación puede utilizarse para concluir que las expectativas que una persona tenga sobre otra pueden llegar a modificar sus conductas y sus emociones.

En muchas ocasiones he experimentado casos en los que el efecto Pigmalión se ha puesto de manifiesto con mis alumnos.

Alumnos que venían precedidos de una fama alarmante han cambiado para bien cuando alguna persona ha creído y ha confiado en ellos. Y no necesariamente tiene que ser un profesor el que ponga en práctica el efecto Pigmalión. Muchas veces puede ser algún compañero el que arranque en él ese motor de cambio deseado.

EFECTO PIGMALIÓN Y AMOR. EL PRINCIPAL AGENTE DE CAMBIO ACADÉMICO.

Recuerdo durante mis primeros años de docente el caso de un alumno muy peculiar. Se llamaba F. S. y venía precedido por un historial para enmarcar (incidencias, absentismo, repeticiones de curso...).

Recuerdo que ese año debía repetir curso en 4.º de ESO y yo sería su nuevo tutor. La antigua tutora, una magnífica profesional entregada vocacionalmente a sus alumnos, me dijo que era un caso perdido.

Durante el primer trimestre el chico mejoró ligeramente sus cualificaciones (supongo que porque todo le sonaba del año anterior). Antes de las vacaciones de Navidad siempre realizamos una salida cultural en la que toda la secundaria participa.

Y fue en ese momento cuando se produjo el milagro. No fue debido a una charla de su tutor ni a unas palabras del orientador del SAPP (servicio de atención psicopedagógica), la psicóloga, como abrevian los chicos. Tampoco fue gracias a la terapia que cada semana recibía de un centro especializado en temas de fracaso escolar.

En realidad, fue gracias a una guapa e inteligente chica de su misma clase. En la salida que realizamos a la Sagrada Familia de Barcelona surgió el amor entre los dos. Y ese, seguramente, es el agente de cambio más importante del mundo.

La chica, que era una estudiante brillante y responsable, en pocas semanas había abordado el problema de su «novio». Le dijo que ella no quería salir con una persona que olvidaba sus tareas académicas y que tenía una actitud desafiante ante cualquier consejo de sus profesores.

El chico se había dado cuenta de que era querido de manera sincera por alguien que le aconsejaba cambiar y convertirse en un buen alumno.

¿Recuerdas lo que te explicaba al principio de este libro? Mi base pedagógica estriba en una máxima muy sencilla: no basta con querer a los jóvenes alumnos, ellos deben notarlo y sentirse amados.

Así que aquella maravillosa chica, Irene, se convirtió en la profesora particular, en la psicóloga y en la referencia académica de aquel chico.

Durante la segunda evaluación sus notas mejoraron ostensiblemente. Yo, como tutor, tan solo tuve que mostrar mi admiración por aquel cambio, decirle que estaba orgulloso de él y que siguiera por el camino que había decidido tomar. Irene había hecho el resto del trabajo.

Como docentes, no podemos forzar a un alumno a elegir a sus compañeros de viaje, y mucho menos a ser «cupidos pedagógicos» y formar las parejas más convenientes para el éxito académico.

Pero sí está en nuestra mano detectar aquellos elementos que son positivos y líderes naturales, para usarlos en beneficio del resto de la clase.

Si conseguimos que un alumno con problemas académicos y de comportamiento se relacione con otro u otros que tienen interés por los estudios, habremos dado el primer paso para que pueda enderezar su rumbo.

A partir de ese momento, las conversaciones habituales en las que participará tendrán información referente a los estudios. Es fácil que se hable de cuándo tienen el próximo examen o de cómo resolver aquel problema de matemáticas que tan difícil les ha parecido.

3. RUMBO AL OBJETIVO

No nos engañemos, los alumnos no disfrutan en todas nuestras asignaturas tanto como lo harían jugando un partido de fútbol o hablando con sus amigos a la hora del patio.

Por eso es fundamental buscar un objetivo de futuro que justifique todo el esfuerzo que les exigimos como estudiantes.

En la ESO los alumnos llegan a realizar más de doce materias. Como podéis imaginar, es imposible que adolescentes de entre doce y dieciséis años se sientan atraídos por todas esas asignaturas, que además ni siquiera han elegido ellos.

Si tenemos suerte, los alumnos sentirán interés por alguna de las materias, que seguramente estará relacionada con los estudios que posteriormente quieren realizar o con aquella profesión que les gustaría tener de mayores.

Por eso es fundamental que en casa y en el colegio se hable en esta etapa educativa de qué es aquello que más les atrae o aquello que les gustaría estudiar en un futuro.

De esa manera, ante la existencia de un objetivo futuro, los alumnos serán capaces de cursar todas aquellas materias que no les acaban de gustar con la certeza de que son necesarias para poder alcanzar su objetivo deseado.

Yo doy clases a chicos que tienen entre dieciséis y veintidós años (algunas veces un poco mayores, si repiten algún curso).

Uno de los detalles que siempre observo en las juntas de evaluación de Bachillerato es que alumnos que en la etapa anterior (ESO) sacaban malas notas, suelen mejorar sus resultados al empezar esta etapa no obligatoria.

Seguramente os preguntaréis: ¿cómo es posible que un alumno mejore sus resultados en Bachillerato, si el nivel de exigencia es superior al de la ESO?

La respuesta es muy sencilla. A lo largo de la ESO los alumnos no eligen ninguna materia de las que cursan (únicamente en el último curso pueden elegir alguna optativa). En cambio, en Bachillerato son ellos los que deciden dieciséis de las treinta horas que conforman su currículo académico. Es decir, más de la mitad de las horas que realizan son de materias que ellos quieren cursar.

Esto supone un cambio radical para muchos alumnos en la motivación que tienen a la hora de estudiar estas asignaturas. Y lógicamente, esto incide en los resultados académicos que obtienen en las materias.

Por ese motivo, es frecuente observar que chicos que obtenían en la etapa obligatoria (ESO) notas mediocres nos sorprendan ahora con unas calificaciones fantásticas en Bachillerato, a pesar de que el nivel y la exigencia sean superiores.

Pero para alcanzar sus objetivos finales, que pueden ser entrar en una determinada universidad para cursar la carrera deseada, lograr la titulación que les permita trabajar en su profesión soñada, etc., saben que necesitan unas buenas calificaciones, no solamente en las materias que han elegido, sino también en el resto que son obligatorias. Y este objetivo final sirve de acicate para que se esfuercen en todas las materias del curso.

Se demuestra año tras año que el hecho de que un chico tenga una meta es fundamental para estimular su esfuerzo en aquello que le gusta y en aquello que no le gusta tanto, pero constituye un peaje inevitable para llegar al final del viaje.

> Aconsejo a todos los padres y madres, por lo tanto, que hablen con sus hijos sobre su futuro. Sobre qué les atrae y qué les motiva de aquello que están estudiando, sobre qué profesiones se les antojan más atractivas, etc.

Doy fe de que este trabajo se realiza en las tutorías de todas las escuelas e institutos, pero es fundamental que también se le dé continuidad en casa.

QUEREMOS QUE LA ESCUELA SEA TU SEGUNDA CASA, PERO NECESITAMOS QUE TU CASA SEA TU PRIMERA ESCUELA

En septiembre leí una frase en un cartel de una escuela pública muy cercana a mi domicilio que me gustó y con la que estoy totalmente de acuerdo.

El mensaje rezaba algo así como **«Queremos que la escuela sea tu segunda casa, pero necesitamos que tu casa sea tu primera escuela»**.

Me pareció un mensaje tan bonito y necesario que lo aproveché para el pequeño discurso que cada año realizo cuando inauguramos el curso los primeros días de septiembre.

Las familias y la escuela deben remar en la misma dirección y tener el mismo mensaje ante los chicos. Sin la colaboración de las familias es imposible que logremos educar correctamente a nuestros discípulos.

Estamos viviendo unos tiempos en los que, bajo mi criterio, existe una sobreprotección con nuestros hijos y eso provoca que cada vez sean menos autónomos a la hora de resolver sus problemas.

Debemos dar un voto de confianza a los profesionales que educan a nuestros hijos, al igual que se lo damos al cirujano cuando nos ponemos en sus manos durante una operación quirúrgica.

No deben existir fisuras entre el discurso que nuestro hijo recibe en la escuela y el que oye en nuestra casa a la hora de cenar.

Si no es así, si el chico oye mensajes contradictorios, su educación corre grave peligro.

CONSEJO:

Sin el apoyo de las familias, los docentes no tenemos nada que hacer.

AGACHA LA CABEZA COMO EL AVESTRUZ

Otro de los males que creo que afecta a la educación de nuestros muchachos es la de huir del conflicto, algo que sucede en muchos hogares.

En estos tiempos los padres tienen largas jornadas laborales, más aún en nuestro país, que poco hace por conciliar la vida laboral y familiar.

Esto provoca que los progenitores lleguen a casa muy tarde. Llegan a deshora y agotados física e intelectualmente porque lo han dado todo en su trabajo.

Y en ese momento se encuentran con que su hijo está jugando a la consola o toqueteando su *smartphone*.

Es consciente de que las notas no fueron bien durante el trimestre pasado y que él les prometió que dedicaría más horas al estudio y menos a los videojuegos, pero a la hora de la verdad los patrones de comportamiento no han cambiado.

Y ahí tienen dos opciones: enfrentarse a su responsabilidad como padres de leerle la cartilla a su hijo y poner remedio a esos hábitos nocivos, o sentarse en el sofá viendo su serie favorita y escondiendo la cabeza como un avestruz.

No sirve la excusa de «yo ya he cumplido con mi trabajo, le pago los estudios en un buen colegio, le he puesto un profesor particular e incluso le llevo al psicólogo».

> El chico necesita a su padre. Y necesita que le pongan límites. Está reclamando que asumas tu papel como padre y le digan que no puede hacer eso. Aunque cueste un enfado y probablemente acabe el día malhumorado además de cansado.

Pero es que ser padres es también eso. Los alumnos muchas veces se quejan de que algunos profesores son muy exigentes a la hora de reclamar atención y concentración a sus alumnos.

Pero os aseguro que todavía se quejan más cuando el profesor es incapaz de controlar la clase y se crea un ambiente de jolgorio que no permite que ningún alumno pueda seguir la clase, ni siquiera a aquellos que tienen interés y ganas por entender lo que el profesor intenta explicar.

Eso nos demuestra que nuestros chicos nos piden a voces límites y que ejerzamos el papel que nos toca, ya sea de padre o de profesor. Aquellos docentes o padres que intentan jugar a ser los «amigos o colegas» de sus alumnos o hijos están incumpliendo uno de sus deberes fundamentales: establecer las reglas de juego y hacer que se respeten.

Recuerdo a un alumno del que fui tutor durante cuatro años. Su padre era economista como yo, por lo que rápidamente conectamos durante las entrevistas. Aquel chico no estaba demasiado motivado para los estudios y sus calificaciones eran francamente flojas. Sus padres, que no tenían problemas económicos, llevaban al chico a cursos de técnicas de estudio, psicólogos e incluso a lo que ahora llamamos *coaching*.

También tenía profesores particulares, es decir, que cuando salía de la escuela el pobre chico pasaba toda la tarde en diferentes terapias de motivación y clases de repaso (donde descubrí que se dedicaban a hacer únicamente los deberes).

El padre, con el que, como he comentado, tenía una muy buena relación, me pedía dos entrevistas por trimestre. En total, llegué a hacer veinticuatro entrevistas con él, durante los cuatro años en los que fui tutor de su hijo.

En el último curso de Bachillerato recuerdo una entrevista en la que seguíamos hablando de motivación, de orden al estudiar, etc. Hubo un momento en que dije que debíamos cambiar algo. Tenía un examen de economía dos días después y el padre era perfectamente capaz de ayudarle en ese tema.

Le dije: «¿Y si en lugar de ir a todas estas terapias y clases particulares, nos centramos solamente en estudiar para el examen que tiene de aquí a dos días? Porque por mucho que le motiven, le den técnicas de estudio, etc., si no se mira los apuntes, es imposible que apruebe».

El padre me miró con los ojos muy abiertos y me dijo: «¿Y quién le puede ayudar si no va a esas clases particulares?». «Usted mismo», le respondí.

El chico estudió con su padre y lógicamente aprobó el examen para el que había estudiado más que nunca.

A veces buscamos muchos factores que influyen en el rendimiento y analizamos miles de componentes, pero en ocasiones hay que simplificar el problema e ir al grano.

Y en este caso, cambiaron dos cosas: el chico estudió más que nunca y además tuvo al lado a su padre, que en el fondo era lo que reclamaba.

No nos engañemos, aunque nuestros hijos sean mayores, siempre van a necesitar sentir que estamos a su lado, aunque sea solamente haciéndoles compañía cuando estudian.

Lo que voy a explicar ahora puede ser que sonroje a mi hermana, pero como no sé si este libro se va a publicar algún día me atreveré a contároslo. Prometo que si deciden publicarlo no eliminaré esta anécdota.

Mi hermana también estudió económicas como yo, pero ella

era mucho más estudiosa y sacaba unos resultados extraordinarios.

Aun así, recuerdo ver a mi pobre madre en la cocina dando cabezadas de sueño, mientras mi hermana le recitaba de memoria todos los apuntes que tenía que aprender para el examen.

Mi madre no era economista, aunque sí una fantástica maestra. No podía ayudarla si tenía alguna duda, pero estaba donde debía estar: dándole apoyo moral y haciéndole compañía. Y eso, bastaba.

Coste de oportunidad

Cuando explico a mis alumnos qué es el coste de oportunidad empiezo haciéndoles alguna pregunta provocadora.

Imaginemos que estamos en un caluroso mes de mayo o junio, con una treintena de adolescentes en un aula y les preguntamos: «¿Qué es lo que más os gustaría estar haciendo en estos momentos?».

Las respuestas suelen ser algo así como comerme un helado, estar bañándome en la playa, etc.

Yo les explico que el coste de oportunidad que tienen en esos momentos es haber elegido estar haciendo una clase de economía conmigo en lugar de estar bañándose en la playa.

Algunos se ríen y me dicen que están obligados y que por ese motivo están en mi clase en ese momento.

Yo les digo que mi objetivo es que su coste de oportunidad sea cero, es decir, que no exista otra opción que les satisfaga más en estos momentos que estar aprendiendo conceptos de economía en clase.

Luego les explico que, como ya pueden intuir, el coste de oportunidad es la diferencia entre la mejor opción y la que yo he elegido, teóricamente, con libertad.

Así pues, si estar en la playa me proporciona una felicidad de 10, tomarme un helado de 8 y estar en clase de economía un 5:

⇨ El coste de oportunidad de estar en clase de economía sería la resta entre la mejor opción (estar en la playa) que me aporta una felicidad de 10 y la que he «elegido», que es estar en clase, que me aporta un 5 (10 − 5 = 5).

⇨ El coste de oportunidad de tomarme un helado sería restar la mejor opción (10) menos la elegida (8) (10 − 8 = 2).

⇨ Y, por último, el coste de oportunidad de ir a la playa sería 0, ya que es la mejor opción de todas (10 − 10 = 0).

Lógicamente, yo les intentaría convencer de que sus escalas de valores no son correctas, y que sin duda la mejor opción de todas es precisamente la que han elegido con una cierta obligatoriedad por parte de los padres y profesores, que es la de asistir a clase.

Aplicando el concepto de coste de oportunidad a la educación, querría destacar la cantidad y cantidad de opciones que hoy en día tienen los alumnos que compiten con la de asistir a una de nuestras clases.

Con el paso de los años los chicos han ampliado su abanico de posibilidades de ocio, ya que ahora no necesitan a otros chicos para divertirse. Los videojuegos y los móviles inteligentes se han convertido en unos ladrones de horas de ocio de primera categoría.

No digo que esté en contra de la tecnología, pero sin duda los chicos pasan muchísimas horas en las redes sociales y jugando con sus ordenadores, consolas o teléfonos inteligentes.

Así que los docentes debemos luchar por cambiar la escala de valores de todas estas posibilidades de las que disfrutan nuestros chicos.

Debemos intentar que nuestras clases sean más interesantes que el vídeo de YouTube que colgaron hace diez minutos. Y eso es una tarea complicada. Pero os aseguro que cuando un profesor conecta con un alumno y es capaz de atraerlo con sus explicaciones o su metodología, es mágico.

No hay nada virtual comparable con ese momento de conexión. Y os lo digo con conocimiento de causa.

Conectar los puntos hacia atrás (Steve Jobs)

Durante muchos años he dado clases de emprendimiento. Cuando hablamos de las aptitudes y habilidades que debe tener un emprendedor siempre ponía como ejemplo de la mayoría de ellas a Steve Jobs.

Pero no voy a hablaros de sus logros, ni siquiera de sus aptitudes como emprendedor. Os voy a hablar de un discurso que dio en la Universidad de Stanford, en junio de 2005, a los alumnos que se graduaban ese año.

Y de todas las ideas que podríamos destacar de dicho discurso, solamente voy a centrarme en una: «conectar los puntos hacia atrás».

Nuestros alumnos a menudo nos preguntan: «¿para qué me sirve eso profesor?». Debemos reconocer que algunas veces la respuesta es complicada.

Ellos buscan que lo que les expliquemos en clase tenga una aplicación práctica inmediata o futura en los estudios o profesiones que quieran realizar. Y claro está, como os comentaba antes, hasta que llegan a bachillerato prácticamente, tienen unas materias obligadas que distan mucho de las inquietudes presentes y futuras que puedan tener.

Pero el problema es que tanto ellos como nosotros buscamos respuestas que no son las correctas, porque la pregunta tampoco lo es.

No debemos buscar en el presente una aplicación para el futuro porque la mayoría de cosas que aprendemos no tenemos ni idea de para qué nos servirán.

Hasta que al cabo de los años lo vemos claro. Miramos hacia atrás y vemos que aquello que no sabíamos para qué nos serviría, ahora nos es útil y marca la diferencia en nuestra profesión.

Steve Jobs fue a la Universidad de Reed, pero rápidamente se dio cuenta de que las clases de su programa académico no le estaban motivando. Por ese motivo decidió asistir a clases que aparentemente no le iban a aportar nada útil para la profesión que finalmente desarrollaría como programador y creador informático.

Como observó que en dicha universidad se impartía la mejor clase de tipografía de todo el país, decidió apuntarse. Allí conoció fuentes como Times, Arial, Calibri, etc., que en aquel momento no parecían tener ninguna utilidad para sus planes futuros.

Pero diez años después, cuando estaba desarrollando el primer ordenador Macintosh, volvió a recordar todo aquello que había aprendido sobre tipografía. Y el Macintosh fue el primer ordenador que introdujo aquellas bellas fuentes, a las que ahora nos hemos acostumbrado a tener en nuestras computadoras.

Si Steve hubiera unido los puntos de atrás hacia delante, nunca habría realizado ese curso de tipografía y, quién sabe, quizás los ordenadores nunca hubieran sido lo que son.

Por eso, cuando un alumno nos haga una pregunta acerca de la utilidad de lo que le estamos explicando, podemos dar dos respuestas:

- ⇨ La que daba mi amigo J. H., profesor de matemáticas: «Sirve para que yo me gane la vida».
- ⇨ La que nos muestra Steve Jobs: «Algún día lo sabrás y, entonces, todo tendrá sentido».

Lógicamente, a pesar del aprecio que sigo teniendo por mi compañero jubilado J. H., prefiero explicar la conferencia de Steve Jobs.

Cuando alguno de mis alumnos a los que doy clases de economía y matemáticas se queja de tener que cursar lengua o literatura le comento una anécdota que me sucedió hace algunos años.

Yo era cliente de una entidad financiera y cambiaron al director de la oficina. Esto ahora es algo totalmente habitual, pero hace varias décadas podíamos encontrarnos al mismo director durante muchos años en la misma oficina.

Por motivos de tiempo, yo no podía ir presencialmente a la oficina, la mayoría de trámites los resolvía llamando por teléfono al director.

En la actualidad, la mayoría de gestiones se realizan de manera telemática sin necesidad de soporte por parte de empleados de banca. Por ese motivo, entre otros, encontramos constantes expedientes de regulación de empleo en las diferentes marcas financieras, que estaban, por otra parte, sobredimensionadas.

Volviendo a la historia con mi nuevo director de oficina. A las semanas, me llamó por teléfono porque me quería ofrecer una serie de productos financieros en los que yo no tenía ningún interés.

De todas formas, insistió y me dijo que me iba a mandar un correo electrónico con la información de esos maravillosos productos financieros que, como os podéis imaginar, me iban a dar una gran rentabilidad a costa de los beneficios del banco. ¿Os lo creéis? La verdad es que yo tampoco.

Cuando recibí el correo electrónico me quedé totalmente alucinado. Dedicaba tres líneas a presentarse e invitarme a conocerle personalmente. En esas tres líneas debía de haber más de diez faltas de ortografía. Y no de esas en la que te olvidas de una tilde, que puedo llegar a entenderlas. No. Eran faltas garrafales de aquellas que hacen daño a la vista.

Si bien es cierto que los profesores por defecto o virtud profesional nos fijamos más en ellas, aquello era de juzgado de guardia.

Ese director podía ser un gran gestor y saber muchísimo de finanzas, pero cuando lo mirase a la cara vería a una persona que no sabe escribir. Y su credibilidad para mí era muy reducida después de aquella demostración de falta de cariño hacia nuestra ortografía.

Por eso, es fundamental que en la educación, aunque nos acabemos especializando en algunas disciplinas, no descuidemos nunca nuestras bases culturales como son la lengua, la historia, la filosofía, etc.

Es decir, un alumno, aunque sea del bachillerato científico, debe mostrar interés y sensibilidad por las disciplinas de humanidades y artísticas.

> Debemos fomentar una educación global y multidisciplinar para no convertirnos en meros técnicos que solamente pueden opinar o trabajar en un sector muy concreto. Debemos incentivar la polivalencia y eso se hace con una educación que no menosprecie ninguna disciplina.

En los últimos tiempos, las reformas educativas han ido encaminadas a especializar a los alumnos en edades muy tempranas.

Actualmente, en cuarto de la ESO, con apenas dieciséis años, los chicos deben decidir qué materias optativas realizarán.

Y si bien es cierto que en principio, al hacer lo que uno ha elegido, puede existir un mayor grado de motivación, también lo es el hecho de que, al decantarse por unas materias de ámbito científico o humanista, dejan de cursar muy pronto materias que deberían ser comunes a todos.

Por ejemplo, en primero de Bachillerato la rama humanística permite que el alumno con dieciséis años nunca más estudie matemáticas. O, por el contrario, los que han elegido el científico o tecnológico no realizarán ninguna materia de literatura nunca más.

Creo que privar a una persona de leer y analizar obras literarias orientado por un profesional es un grave error, aunque esa persona no tenga pensado dedicarse profesionalmente a nada relacionado con la literatura.

Es como si a nuestros oídos les robáramos la capacidad para disfrutar con una pieza musical y solamente sirvieran para poder comunicarnos con otras personas.

45

De igual modo, las matemáticas permiten estructurar nuestra mente de manera que pueden ser útiles no solamente para aquellos que optan por carreras científicas o técnicas, sino para cualquier puesto de trabajo que requiera de una planificación y una organización de las tareas.

Por ese motivo, abandonar el estudio de ciertas disciplinas cuando los alumnos son tan jóvenes supone que tengas unas carencias futuras que difícilmente serán cubiertas por nuestro sistema educativo.

Claro está que hay excepciones. Un alumno que curse estudios científicos es posible que tenga interés por la lectura. Eso le va a permitir tener un nivel adecuado a la hora de expresarse tanto oralmente como por escrito, es decir, no le sucederá como a nuestro querido director de oficina bancaria (de cuyo nombre no quiero acordarme).

De la misma manera, un alumno que estudie un bachillerato y una carrera de letras no necesariamente debe tener miedo a las matemáticas. De hecho, serán fundamentales para que cuando tenga que realizar las transacciones económicas más importantes de su vida, como comprar una vivienda o montar un negocio, no le tomen el pelo.

Por desgracia, siempre pensamos que lo que se hace en otros países es mejor que lo que hacemos nosotros, en especial si hablamos de Estados Unidos.

Los alumnos estadounidenses se especializan muy rápidamente en algunas disciplinas abandonando el resto, como si no fueran importantes.

Puede ser que esto cree buenos técnicos específicamente en aquello que han estudiado, pero os puedo prometer que el nivel cultural que alcanzan no deberíamos envidiarlo.

Y, en la actualidad, en un momento en que la que la información técnica la podemos obtener en cuestión de segundos por Internet, tener un conocimiento general y poder tomar decisiones basándonos en hechos que han pasado anteriormente (historia) nos permite tener una visión global que resulta definitiva a la hora de tomar decisiones en los altos niveles directivos.

Por tanto, no estoy en contra de que los alumnos elijan aquello que más les motiva, pero no podemos robarles la posibilidad de que conozcan otras disciplinas a tan temprana edad.

4. INFOXICACIÓN Y CRITERIO

El término «infoxicación» no lo he inventado yo. Alfons Cornella ya lo utilizó a finales de los noventa. Lo podríamos definir como un exceso de información que nos impide avanzar en nuestros objetivos.

Muchos directivos lo han sufrido alguna vez. Los síntomas son un agobio debido a la cantidad de información que reciben y una parálisis al no saber priorizar qué tareas son primordiales.

El fenómeno de Internet ha supuesto un riesgo altísimo de infoxicación para cualquier usuario. Ya no solamente para altos ejecutivos que cada día deben tomar decisiones de riesgo basadas en distintas informaciones, sino en nuestros queridos adolescentes que tienen acceso en tiempo real a millones de informaciones sobre cualquier tema.

Los síntomas son un agobio debido a la cantidad de información que reciben y una parálisis al no saber priorizar qué tareas son primordiales.

El problema es que nuestros estudiantes todavía se están formando y no les podemos exigir el mismo criterio para seleccionar la información correcta que se les presupone a los adultos.

El peligro de infoxicación, por tanto, llega a unos niveles de alerta máxima en el caso de nuestros queridos alumnos.

Podéis pensar que soy un poco anticuado pedagógicamente si manifiesto que Internet es un riesgo de agobio y parálisis de aprendizaje para nuestros chicos, pero si lo afirmo es porque lo he experimentado.

LOS TRABAJOS E INTERNET

Está claro que disponer de toda la información de manera instantánea y sin movernos de casa es un punto a favor para Internet.

Nuestros alumnos, cuando se enfrentan a un trabajo que el profesor ha prescrito, pueden obtener muchísima información a través de la red.

El problema es que no saben si toda esa información que encuentran es fiable o no. Por ese motivo, el docente, hoy en día, se convierte todavía más en una pieza fundamental para orientar al alumno en la búsqueda de esa información y para no dejar que su investigación se convierta en un «copia y pega» de Internet.

Estamos en la era de la inmediatez y de la falta de paciencia. Nuestros hijos están acostumbrados a tener respuestas a todas sus preguntas en el tiempo que tarda la velocidad de descarga que hemos contratado en nuestro servicio de fibra doméstico.

Pues bien, hay veces que parece que en la docencia no nos damos cuenta de qué significa ser eficiente.

Muchas veces no aprovechamos la experiencia contrastada de nuestros docentes en el aprendizaje de nuestros discípulos. En ocasiones, hacemos que nuestros alumnos busquen información sobre un tema y después la seleccionen y la estudien.

Entiendo que hay que acostumbrar al alumno a saber seleccionar y preparar sus lecciones, pero no debemos olvidar que es un ser en proceso de maduración. Por tanto, sus métodos y resultados no pueden depender únicamente de la capacidad innata que tenga para prepararse un tema por sí mismo.

Los docentes con experiencia saben cómo ordenar los conocimientos, qué anécdotas pueden ser útiles para captar la atención sobre esa materia, qué partes son más complicadas, qué forma de explicar ha funcionado con otros chicos y, por encima de todo, qué es lo más relevante y qué podemos considerar secundario.

Un docente puede explicar algo en unas horas de manera eficaz, mientras que un alumno por su cuenta tardaría días en comprenderlo.

Por tanto, hoy más que nunca, reivindico el papel del profesor ante el autoaprendizaje a través de las redes.

A partir de ahí, estoy de acuerdo en que aquello que el alumno descubre y aprende por sí mismo puede llegar a ser más significativo. Por eso, mi opinión es que el profesor debe marcar y explicar los conocimientos básicos y, a partir de ahí, puede proponer profundizar en algunos aspectos a los alumnos por sí mismos. Pero siempre bajo unas pautas que el profesor supervisará.

No me sirve, por tanto, esa nueva filosofía pedagógica en la que con la excusa de que el alumno debe aprender por sí mismo, relegamos al profesor a un simple observador que puntualmente hace alguna observación.

Lo siento, pero mi experiencia como docente hace que cada vez esté más convencido de que el profesor es la pieza clave para que los alumnos aprendan e incluso amen algunas disciplinas.

La mayoría de nosotros hemos tenido un profesor en el instituto o en la facultad que nos ha marcado. Y en algunos casos incluso ha sido el responsable de que estudiemos una carrera y no otra.

Pero, por encima de eso, nos ha dejado huella su forma de ser, la manera en la que se expresaba, las frases que repetía con insistencia, las bromas que hacía..., en definitiva, ha sido un verdadero referente para nosotros.

Y no nos engañemos, un profesor con carisma es la mejor experiencia que un alumno puede tener. Siempre será insustituible. No hay vídeos en YouTube ni conocimientos en Wikipedia que se puedan comparar con él. El profesor es capaz de adaptar el ritmo de aprendizaje a las necesidades de sus alumnos, es capaz de darse cuenta con una simple mirada de quién no está entendiendo su explicación, es capaz de cambiar el tono de voz para no aburrir a sus alumnos, es capaz de decidir en qué momento debe hacer una broma para que el ambiente sea más distendido.

En definitiva, tiene una relación real y no virtual con sus oyentes. Y por mucho que algunos piensen lo contrario, ese valor añadido no lo puede aportar ningún avance tecnológico aplicado al mundo de la educación.

Os animo a que hagáis memoria y recordéis a aquel profesor o profesora que os dejó un recuerdo especial. Quizás no lo has pensado nunca, pero ese docente te cambió para siempre. Influyó en tu manera de ver las cosas, en tu manera de ser y en tu forma de relacionarte con los demás.

En definitiva, aquel profesor cada año transforma la forma de pensar y de hacer de decenas de alumnos. Por ese motivo, los docentes tenemos una gran responsabilidad. En ocasiones, ni nosotros mismos nos damos cuenta, pero es así.

Y TÚ, ¿POR QUÉ ERES PROFESOR?

Os voy a explicar una anécdota que me sucedió hace muchos años, cuando era tutor de un curso de Bachillerato.

Una de las mayores preocupaciones de los alumnos que hacen Bachillerato es elegir la carrera y, en definitiva, la profesión que en un futuro van a tener.

Hay algunos afortunados que desde pequeños ya saben qué es lo que quieren estudiar de mayores, pero la mayoría no lo tiene nada claro. Así que durante los cursos de Bachillerato los profesore, en especial los tutores de los chicos, intentamos ayudarles a elegir aquello que creemos que puede hacerles felices.

Sí, porque esa debe ser la máxima en la búsqueda de nuestro futuro. Estudiar y trabajar en aquello que creemos que nos hará felices.

Pero a este objetivo debemos aplicarle un criterio de racionalidad: también se nos tiene que dar medianamente bien aquello a lo que nos queremos dedicar.

Por ejemplo, será muy complicado que seamos matemáticos si esa asignatura siempre la hemos suspendido.

> Por eso, en nuestras recomendaciones debemos compaginar dos aspectos: que nuestra elección se base en nuestras preferencias, y también en aquello que se nos dé más o menos bien.

Volviendo a la anécdota que os quería explicar, hace unos años estaba al frente de la tutoría de un curso de primero de Bachillerato, o sea, de alumnos de diecisiete años. Era el mes de diciembre y estábamos en pleno trabajo de orientación profesional. Uno de mis alumnos me explicó que quería estudiar Administración y Dirección de Empresas.

Rápidamente, esbocé una sonrisa, puesto que era la misma carrera que yo había estudiado unas décadas antes. Él me preguntó qué salidas profesionales tendría una vez acabados sus estudios.

Yo le respondí que podría dedicarse al mundo de la banca, a dirigir empresas como importantes petroleras, a diseñar campañas publicitarias, a ser el encargado de recursos humanos y contratar y motivar a los empleados, etc.

Mi objetivo era hacer muy atractivo el futuro que tendría si decidía dedicarse al mundo de la economía.

De repente, el chico se quedó mirándome fijamente a los ojos y me dijo: «Y tú, ¿qué haces aquí?».

En ese momento quedé totalmente noqueado, como si mi querido alumno me hubiera propinado un puñetazo dejándome fuera de combate.

Tengo que deciros que no se me ocurrió nada convincente que diera respuesta a ese directo.

Pasaron los meses y llegó la graduación de segundo de Bachillerato (suele ser a finales del mes de mayo). Durante la emocionante ceremonia los chicos suelen pasar un vídeo que muestra su paso por el colegio.

Es un vídeo precioso, puesto que se observa su recorrido desde los tres años en que empiezan la escolarización hasta los dieciocho años en los que nos abandonan para ir a la universidad.

Y fue en aquel momento cuando se me iluminó la cara y hallé la respuesta a aquella pregunta que me había hecho mi querido alumno. Había intentado ilustrar a mi alumno sobre las maravillosas salidas que tendría si estudiaba la carrera de Administración y Dirección de Empresas. Le había mostrado un sinfín de atractivos puestos de trabajo en los que conseguiría las máximas ganancias posibles para la empresa y para él mismo.

Pero no me había dado cuenta de que, aunque en esos fantásticos trabajos que le describía se trabajaba con valiosísimas materias primas como el dinero, el petróleo, etc., en ningún caso podría equipararse a la materia prima con la que trabajo como profesor cada día: adolescentes que en un futuro serán los que gobiernen el mundo.

Ahora sí que tenía una respuesta para su pregunta. Ya podía responder a aquel directo «profe, ¿y tú por qué te dedicas a esto?».

Sin duda alguna ninguna profesión me hubiera permitido generar valor añadido a partir de la materia prima más valiosa del mundo: nuestros jóvenes.

Observando con la boca abierta a aquellos chicos y chicas desbordados de alegría y nostalgia, puesto que sabían que dejaban el que había sido su colegio durante quince años, para ir a la universidad y eso les suponía abandonar su zona de confort, supe que nunca más me quedaría en blanco ante una pregunta como la que me lanzó aquel día mi querido alumno.

No existe ninguna profesión en el mundo en la que se trabaje con una materia prima tan valiosa como nuestros estudiantes y en la que el valor añadido que adquiere dicha materia prima sea tan evidente y tan determinante para el futuro de nuestra sociedad.

Los conocimientos que les transmitimos son muy importantes para formar buenos profesionales, pero todavía lo son más los valores que seamos capaces de enseñarles con nuestro propio ejemplo.

De esto ya me di cuenta en mi primer y lluvioso día de trabajo, cuando tuve que reprimir mi enfado ante aquellos padres que bloqueaban el acceso al aparcamiento del colegio y casi me hacen llegar tarde.

Si en ese momento ya me quedó claro que uno es profesor durante las veinticuatro horas del día, con el tiempo he comprendido que todo lo que hacemos, decimos o incluso omitimos llega a nuestros discípulos y tiene un efecto impredecible pero determinante en el desarrollo personal de nuestros chicos.

Somos el espejo en el que se reflejan y su imagen será una u otra según lo que les mostremos diariamente con nuestras actitudes y decisiones.

Durante este capítulo hemos explicado la gran cantidad de información inmediata que está al alcance de nuestros jóvenes. Y eso no es malo por definición. Pero el criterio con el que la utilicen será definitivo para que el uso que hagan de ella revierta en un beneficio o en un problema, para ellos y para los que los rodean. Y, no nos engañemos, el criterio de un joven se va forjando con las enseñanzas y consejos que recibe en casa y en su colegio.

Por desgracia, el tiempo que pasan con las familias nuestros adolescentes es limitado, por los problemas que existen en este país para conciliar la vida laboral y la familiar; por tanto, la escuela se convierte en la herramienta más importante para que nuestros jóvenes lleguen a transformarse en personas con criterio y valores.

Lanzo un guante a nuestra clase política para que reflexione sobre el porcentaje del producto interior bruto, PIB, que dedica a esta partida. En este libro no hablaré de números, pero basta con que os diga que hay países que duplican el porcentaje del PIB que nosotros dedicamos a educación.

Algún lector puede pensar que como soy profesor quiero más inversión pública para aumentar mi salario, pero no voy por ahí. La profesión de profesor debe ser vocacional, en caso contrario, supone un drama para los alumnos que son las víctimas del profesor desmotivado y para el propio docente.

Estoy seguro de que la mayoría de profesores, ante un aumento de inversión pública en educación, demandaría disminución de ratio de alumnos (para atenderlos mejor), más ayudas para aquellos alumnos con necesidades educativas especiales, etc. Estas demandas, probablemente, estarían muy por encima de exigir un salario mayor.

No hay nada más frustrante para un profesor que pensar que no estás atendiendo lo mejor posible a tu alumno. Debéis pensar que los profesores pasamos unas seis horas diarias con nuestros chicos, en ocasiones más de lo que podemos pasar con nuestros propios hijos. Así que no dudéis que el vínculo afectivo que se establece entre los docentes y sus discípulos es enorme. Por eso, la Administración debe facilitar ayudas a los centros en forma de ayudantes o celadores que echen una mano a los profesores que tienen chicos con necesidades especiales.

No sirve con que la Administración se llene la boca con la palabra «inclusión», que es un objetivo educativo, y que no haga nada para facilitarla en el día a día.

5. ANTIGUOS ALUMNOS Y LA MARCA DEL PROFESOR

¿ME GUSTARÍA QUE FUERA EL PROFESOR DE MIS HIJOS?

Soy una persona atípica. Hace pocos años que dispongo de redes sociales. No digo que eso sea algo a imitar, pero como me conozco, sé que en el caso de tenerlas debería dedicar un tiempo a cuidarlas y hace muchos años decidí que lo emplearía en otras actividades familiares.

La maldita pandemia, que nos arrebató la posibilidad de relacionarnos físicamente con nuestros familiares y amigos durante un tiempo, fue el detonante para que decidiera darme de alta en algunas redes sociales como vehículo de comunicación.

No os mentiré, no soy un tipo raro. Recuerdo que hace unos años recibí una formación sobre aplicaciones informáticas relacionadas con el mundo de la educación y la profesora me dijo que era necesario utilizar las redes sociales porque estaban vinculadas a esas aplicaciones.

Tuve que responder que no tenía ninguna red social y la profesora dijo en voz alta delante de todos los profesores que estaban en ese curso: «estás muerto virtualmente». Yo le respondí que quizás virtualmente no era nada activo, pero le invité a pasar un fin de semana conmigo y mi familia para que constatara en primera persona que nuestra vida social era todo menos aburrida.

Quizás no hablaba con nadie a través del ordenador, pero sí lo hacía en los partidos de baloncesto de mis hijos o en las comidas o cenas que solíamos tener con nuestros amigos o con nuestros familiares.

La diferencia es que cuando yo hablo con alguien suelo tenerlo delante, y entre poder verle la cara cuando se ríe o los emoticonos que se usan para mostrar esa misma emoción, me quedo con lo primero. Sigo pensando que no soy un tipo raro, es una cuestión de prioridades.

Pero tengo que reconocer que las redes sociales tienen ventajas. Una de las cosas que más ilusión hace a un profesor es reencontrarse con sus antiguos alumnos. Y queda claro que tener redes sociales facilita extraordinariamente mantener el contacto con ellos.

Hace algunos años tuve el placer de presentar un libro en el teatro de mi escuela. Para mí fue una experiencia maravillosa, puesto que me acompañaron en la presentación dos exalumnos a los que había dado clase de economía.

Como el libro lo había escrito pensando en mis alumnos, me pareció buena idea que lo presentaran conmigo dos chicos con los que había tenido mucha relación.

El primero de ellos, Marcel, había ganado la olimpiada de economía en la fase local de Cataluña del año 2017, y fue invitado junto a su profesor, que era yo, a la fase nacional que se celebraba en Córdoba.

Durante nuestra estancia en la ciudad de la Mezquita ganamos únicamente amigos, pero forjamos una bonita amistad que está por encima de cualquier premio o reconocimiento que hubiéramos podido tener.

El otro exalumno que me ayudó a hacer la exposición fue Eduard, que ganó el primer premio del trabajo de investigación («treball de recerca») de la Universidad Pompeu Fabra del año 2014. Durante un año me hizo trabajar como un loco, puesto que el «temita» que había elegido tenía miga: «Hedge Funds y Credit Default Swaps: su influencia en el crash financiero de 2008». Durante el año que fui su tutor de trabajo siempre le repetía: «Podrías haber cogido los típicos temas como el marketing, la bolsa..., porque, madre mía, la de trabajo que te has buscado y me has buscado a mí». Pero, en realidad, estaba encantado de que tuviera la motivación para abandonar la comodidad de los trabajos recurrentes y facilones y adentrarse en un terreno desconocido en el que debía investigar continuamente para poder avanzar en el desarrollo del tema.

El trabajo resultó premiado y nunca olvidaré el día en el que Eduard recibió la noticia y vino corriendo como un poseso a mi despacho. Rebosante de alegría y nervios, farfullaba al hablar y repetía: «¡Hemos ganado, hemos ganado!». En ningún momento utilizó la primera persona del singular. Atribuía el éxito al trabajo conjunto entre alumno y profesor y debo reconocer que el 99 % del mérito fue suyo, porque yo no era ningún experto en esos complejos productos financieros. De hecho, todo lo que aprendí sobre ellos fue gracias a Eduard.

> Está claro que los profesores están para enseñar a sus alumnos, pero no olvidemos que también aprenden constantemente de sus discípulos.

De hecho, cuando decimos que un profesor tiene experiencia en una materia es gracias a que sus alumnos, a lo largo de los años, le han ido mostrando de qué manera lo entienden mejor, qué ejemplos son los más adecuados para comprender la teoría, etc.

Los profesores que dan la clase sin preocuparse de cómo la están recibiendo sus alumnos pueden ser grandes conocedores de la materia, pero en ningún caso merecen ostentar el título de profesor. Simplemente son expertos en una determinada disciplina.

Ser profesor es algo mucho más complejo. Se presupone que el profesional de la educación domina perfectamente la materia y su objetivo es conectar con los chicos que tiene delante. Si esa conexión no se produce, por mucho que el profesor sepa de esa materia, el resultado será un fracaso.

Durante los muchos años que llevo en la preciosa profesión de la docencia han pasado decenas de profesionales por mi colegio. Algunos de ellos tenían unos currículos envidiables, pero no todos han sido capaces de lograr dedicarse a esta profesión.

De la misma manera que os decía unos capítulos antes que no basta con amar a los jóvenes, sino que es necesario que ellos se den cuenta de ello, tampoco es suficiente con tener conocimientos amplios sobre algo, es necesario saber transmitirlos.

Si me dan a elegir entre un profesor que tiene un doctorado y grandes méritos en reconocimiento a sus investigaciones, pero no tiene ni idea de conectar con sus alumnos, y otro menos laureado pero con experiencia y el carisma necesario para hacer sus clases atractivas, me quedo sin duda con el segundo.

Y esto lo digo con total rotundidad. La pregunta que siempre me hago cuando tengo que valorar a un profesor es la siguiente: ¿me gustaría que fuera el profesor de mis hijos? Esa pregunta es determinante, puesto que no lleva a engaño posible.

Podemos valorar cientos de aspectos de un profesional de la educación, pero una pregunta tan simple como esa creo que resume todo lo anterior, puesto que todo el mundo quiere lo mejor para sus hijos.

SOLAMENTE OS PUEDO DECIR CON LETRAS MAYÚSCULAS: «OS QUIERO»

Volviendo a la presentación de aquel libro junto a mis dos fantásticos exalumnos, os he de confesar que no habría podido hacer mejor elección para que me acompañaran en ese momento tan especial para mí.

El hecho de tenerlos a mi lado me inspiró confianza y seguridad y logré disfrutar de la presentación como si de una clase normal se tratara.

A las pocas semanas de que el libro se lanzara contacté con Marcel y Eduard y les propuse que me acompañaran en la presentación. Los dos me dijeron que sí encantados de la vida. Hasta aquí no hay nada extraño, pero lo que yo no sabía todavía es que Eduard estaba de «erasmus» en Newcastle.

Cuando me enteré, le dije a Eduard que no se preocupara, que entendía perfectamente que no cogiera un vuelo de ida y vuelta para pasar unos escasos cuarenta y cinco minutos hablando sobre un libro, pero él me respondió de forma tajante: «Cuenta conmigo, lo arreglaré como sea».

Ese hecho, y la presencia de decenas de exalumnos que habían pasado por mis manos hacía décadas, me llenaron de emoción y me hicieron comprender que los profesores no somos simples transmisores de conocimientos. Somos personas que marcamos y dejamos una huella profunda para siempre en nuestros alumnos. De ahí la responsabilidad tan grande que implica dedicarse a esta profesión, a la que considero la más bonita del mundo.

Parece ser que, a través de las redes sociales, qué paradoja, ya que repito que hace poco que cuento con ellas, muchos chicos y chicas a los que había dado clase se pusieron de acuerdo en asistir un martes a las siete de la tarde para escuchar a su antiguo profesor.

Tengo que confesar que había olvidado el nombre de muchos de ellos, pero no sus caras. Confundía las promociones y me sentí un poco avergonzado cuando no lograba recordar sus apellidos, nombres o motes que yo mismo cariñosamente les había puesto años atrás.

Pero no observé en ellos caras de decepción, sino de alegría por volver a encontrarnos y recordar anécdotas que yo casi había enterrado en el baúl de los recuerdos.

Días después de la presentación del libro, decidí pedir a un compañero de trabajo, muy activo en las redes sociales, que mandara un mensaje de agradecimiento en mi nombre a todos aquellos chicos y chicas que hicieron tan especial aquel momento.

El mensaje íntegro era el siguiente:

Mis queridos exalumnos:

El pasado martes me llevé el mejor regalo que un profesor puede tener: la recompensa del cariño de muchos de vosotros que quisisteis estar a mi lado y

> mostrarme vuestro apoyo incondicional. Todavía, días después, sigo emocionado y me doy cuenta de que todo lo que los profesores hacemos a diario no queda en el vacío, sino que deja una huella en cada uno de vosotros que perdura para siempre.
>
> Solamente os puedo decir con letras mayúsculas:
>
> OS QUIERO.

Así que voy a mandar un mensaje a todos aquellos que están pensando en ser profesores o se han incorporado hace poco a esta profesión.

Si no disfrutáis con lo que hacéis, si no os gusta trabajar con jóvenes, si estáis contando los minutos que faltan para que acaben las clases, por favor, dejadlo y dedicaros a otra cosa.

Todos esos sentimientos negativos que tenéis, aunque intentéis disimularlos, los estáis transmitiendo a vuestros alumnos. Ellos no tienen la culpa de vuestra falta de vocación, son simples víctimas de vuestro desinterés. No se lo merecen. Dejad paso a otros profesionales que disfrutan y viven esta profesión con emoción e intensidad.

Durante los últimos años se han jubilado varios de los compañeros con los que más amistad y afinidad he tenido. Han sido un ejemplo para mí. Han disfrutado y vivido con intensidad hasta la última clase que han dado. Siempre se han mostrado preocupados por los chicos y por su nivel académico, su bienestar y, en definitiva, por su futuro.

Quizás no eran los profesores que sabían más de nuevas aplicaciones educativas, ni los más innovadores, pero os garantizo que eran los profesores que hubiera querido para mis hijos. Y con eso os lo digo todo.

CONSEJO:

El profesor será más determinante en su futuro que cualquier cosa material que sus padres le puedan dar.

6. LOS PRIMEROS DÍAS DE CLASE: NUEVO CURSO Y NUEVO RETO

He decidido escribir este capítulo en septiembre. He estado prácticamente dos meses de verano sin escribir absolutamente nada de forma intencionada. Quería que la descripción de mis sensaciones y vivencias cuando empieza un curso coincidiera realmente con el inicio real de las clases.

Así que aquí estoy, a 12 de septiembre, escribiendo todo aquello que siento cuando después de casi tres meses vuelvo a ver la cara a mis queridos alumnos.

Los profesores, durante las dos semanas anteriores, hemos estado preparando con ilusión y cariño nuestras programaciones, las informaciones que debemos dar a los chicos el primer día, etc.

En cambio, los chicos vienen todavía con el chip de las vacaciones en su mente. Noto cómo se reencuentran en el patio y se abrazan, ríen, gritan... Están mucho más nerviosos que nosotros, sus profesores.

Cuando los hago subir hacia las clases para encontrarse con los tutores, se tocan, se empujan levemente, sonríen, buscan el contacto con el compañero..., en definitiva, muestran un nerviosismo mezclado con ilusión que son incapaces de disimular.

Después de más de veinte años trabajando como docente todavía experimento la sensación de tener mariposas en el estómago. La noche anterior me imagino a los chicos en las clases, en el teatro cuando presentamos el inicio del nuevo curso, en el patio hablando y explicando las historias que les han sucedido durante el verano...

Y doy gracias a Dios por seguir sintiendo esa sensación. El día que eso no suceda seguramente dejaré de ser el profesor que hoy soy. Porque si una cosa tienen nuestros chicos es que detectan al segundo cuándo a un profesor le apasiona lo que hace y cuándo es un simple mercenario que recita la lección que ha programado en su libreta.

> Animo a todos los docentes del mundo a ser ellos mismos, a hablar a sus adolescentes mirando sus ojos, a observar su reacción cuando le escuchan, a emocionarse cuando explican en el aula.

EMOCIÓN VS. PROGRAMACIÓN

En los últimos años el tipo de trabajo del profesorado ha cambiado. Desde la Administración nos exigen más trámites burocráticos, programaciones más pormenorizadas y basadas en lo que haremos exactamente cada día, conectar nuestros contenidos con los objetivos que marca el departamento de educación, etc.

No voy a ser yo el que llame a la desobediencia a mis queridos compañeros, pero sí que les voy a aconsejar que no pierdan de vista que lo más importante es la conexión entre el docente y sus alumnos.

Personalmente nunca me ha importado demasiado si mi programación coincide exactamente con lo que estoy haciendo en el aula. Si bien es cierto que al final de curso debemos intentar acabar todo el temario, me parece ridículo que nos obsesionemos con seguir a pies juntillas lo que hemos programado.

Incluso existe algún docente que es capaz de poner un examen aun sabiendo que la clase todavía no está preparada para afrontarlo o que necesita varias horas más para asentar los conocimientos.

> Siempre he pensado que la programación está al servicio del alumno y nunca al revés.

¿Es que acaso sabemos cómo van a responder nuestros alumnos? ¿Es que son todos los años lectivos iguales?

La respuesta es, lógicamente, no. Por ese motivo, cuando estamos en clase no debemos dejar que la programación nos robe la espontaneidad y la frescura que supone trabajar con chicos que cada día nos van a sorprender con sus preguntas e inquietudes.

Lo que sí debemos hacer es estar preparados y dominar nuestra materia para estar a la altura de su curiosidad.

En los últimos años se ha impuesto la tendencia de programar de tal manera las clases a través de las nuevas tecnologías, que incluso una persona que no tenga ni idea de la materia podría dar la clase sin problemas.

Para mí eso es un fraude. Un engaño a nuestros chicos. Los vídeos tutoriales de YouTube, los blogs temáticos, están muy bien, pero nunca podrán sustituir a un buen profesor.

Os decía un poco antes que seguramente para todos vosotros haya habido algún docente que os marcó para siempre. Por su forma de explicar, por su cercanía, por su carisma, por sus conocimientos...

Por eso, animo a los profesores a no perder su esencia. A no privar a sus alumnos de su experiencia y de su saber hacer.

En el mundo de la empresa existe un modelo de emprendimiento que es la franquicia. Consiste en exportar un negocio con éxito, permitiendo que cualquier persona pueda trabajar al amparo de su marca.

Es una manera de emprender con menor riesgo, ya que la empresa que vas a montar ya tiene un prestigio y éxito reconocido. Casos muy famosos son McDonald's, Pans & Company, bonÀrea, etcétera.

En el contrato de franquicia el franquiciador cede al franquiciado la explotación de su marca, el asesoramiento comercial y el *know how* o saber hacer.

A cambio, el franquiciado debe pagar un canon de entrada,

aportar un local que el franquiciador acepte y ceder una parte de su facturación.

Así que os aconsejo que entréis a la clase relajados, sin ningún corsé que evite que seáis vosotros mismos y disfrutéis de cada minuto en el aula.

Pero fíjate que el concepto clave es el *know how,* es decir, la experiencia contrastada del franquiciador de cómo llevar el negocio, cómo tratar a los clientes, qué productos ofrecer, etc.

En definitiva, la contraprestación más valiosa que obtiene el franquiciado es el asesoramiento de cómo dirigir ese negocio. Y es tan valiosa porque esa forma de gestionar la empresa ha convertido a esa compañía en un modelo exitoso de negocio.

¿Cómo vamos a privar a nuestros alumnos del *know how* que ofrecen los docentes experimentados? Sería renunciar a nuestro activo más valioso.

Así que os aconsejo que entréis a la clase relajados, sin ningún corsé que evite que seáis vosotros mismos y disfrutéis de cada minuto en el aula.

En el momento que lo consigáis, tendréis la recompensa de unos alumnos entregados y dispuestos a aprender todo aquello que queráis. Eso sí, al ritmo que nos marquen o en todo caso al que marquéis vosotros. No al que marca una programación que quiere fiscalizar cada minuto de la clase.

7. EL CURSO AVANZA: DE «DON A PROFE»

A medida que el curso avanza, los chicos nos van cogiendo confianza. Conocen nuestros puntos fuertes y nuestras debilidades. No en vano nos exponemos ante ellos durante largas horas cada día.

Ellos examinan minuciosamente cada gesto, cada expresión facial, cada oscilación en nuestro timbre de voz, etc. Al final nos conocen mejor que algunos miembros de nuestra familia. Y pasamos de ser aquel profesor especialista en matemáticas, o física o filosofía, a ser Antonio, Santi o Laura. Es decir, empezamos a ser un referente cercano para ellos. Debes pensar que los chicos pasan con los docentes tantas o más horas que con sus propios padres.

Recuerdo una anécdota curiosa que me sucedió hace algunos años, cuando era tutor de un curso de primero de Bachillerato.

Resulta que impartía a aquellos chicos matemáticas, economía, economía y organización de empresa y además era su tutor. En total pasaba trece horas semanales con ellos. Algunos días, me tenían tres horas seguidas. Ellos, astutamente, bautizaron esa situación como «hoy toca triñaki», que era una mezcla entre las tres horas y mi nombre.

Recuerdo que el día 19 de marzo (san José) entré en clase y los noté exaltados. «¿Qué os sucede»?, pregunté. Ellos respondieron que tenían un detalle para mí. Me habían comprado una pelota de baloncesto. Yo les dije que alguien les había tomado el pelo, puesto que no era mi santo ni mi cumpleaños.

En ese momento, el chico que me había entregado la pelota, dijo en voz alta: «Iñaki, hoy es el día del padre, y te puedo asegurar que la mayoría te vemos más a ti que a nuestro propio padre».

Profesor a mucha honra

Fue una anécdota curiosa que nos da a entender que a medida que vamos relacionándonos con nuestros chicos, se va tejiendo una relación entre ellos y nosotros de afecto y cariño. Y eso tiene ventajas e inconvenientes.

El docente es como un equilibrista, que debe buscar un trato cercano con el alumno (sin emoción no hay educación), pero a la vez debe dejar claro que no es su amigo, es su profesor.

Con frecuencia, a medida que transcurre el curso, los alumnos van cogiendo confianza con sus profesores. Y eso es bueno. El problema aparece cuando los chicos creen que su profesor se ha convertido en uno más de la clase.

Es en ese momento cuando el docente debe dejar claras las cosas. Él siempre los escuchará y estará dispuesto a ayudarles en lo que sea necesario, pero nunca se debe traspasar la barrera invisible que diferencia al que dirige la clase y al discípulo que debe seguir sus indicaciones.

Los nuevos pedagogos nos dicen constantemente que las clases deben ser más participativas, que el alumno debe ser el centro de atención, etc.

No seré yo quien ponga en tela de juicio estos planteamientos. Pero el alumno debe participar cuando el docente lo crea oportuno o cuando tenga alguna duda respecto a lo que se está exponiendo.

Las clases no son asambleas. Lo siento, quizás soy un tanto anticuado, pero no debemos perder de vista que no nos encontramos ante iguales. El alumno es como aquella materia prima bruta que todavía debe ser refinada y pulida, y el profesor es el encargado de llevar a cabo ese proceso, puesto que se le supone la preparación didáctica y profesional necesaria para ese menester.

Me gusta comparar este proceso con el de fabricación de un producto en el ámbito económico. Las empresas reciben unos *inputs,* que son los factores de producción (trabajo, capital y recursos naturales), y es el empresario el que los coordina y consigue un *output,* que es un bien o servicio preparado para satisfacer nuestras necesidades.

73

Imaginad que queremos construir una mesa. Los *inputs* serían la madera y otros componentes, los carpinteros especialistas y las infraestructuras y maquinaria necesarias para llevar a cabo el trabajo.

El empresario coordina y pone en funcionamiento todos esos factores para conseguir el producto final, en este caso la mesa.

La clave es que el valor de la mesa sea superior al de los factores productivos, es decir, que el empresario obtenga una recompensa.

La diferencia entre el valor del *output* y del *input* se denomina en economía «valor añadido». Cuanto mayor sea el valor añadido conseguido, mayor será el beneficio que obtiene el empresario.

Pues en la docencia yo considero que los *inputs* son nuestros alumnos. El profesor es el empresario que debe convertir a esos alumnos en un producto final más valioso de lo que era al principio.

Debe aportar al *input* todos sus conocimientos, toda su didáctica, toda su ética para hacer que el alumno, al final de sus estudios, tenga un valor añadido alto, es decir, que sea más valioso socialmente de lo que lo era al principio.

Pero hay una diferencia fundamental entre estos dos procesos. En el proceso educativo es necesario que el docente, que en este caso es como el empresario, ponga toda su alma para conseguir este objetivo.

Porque la diferencia entre el *output* y el *input* en el proceso educativo no incluye solamente un aumento de los conocimientos desde el inicio hasta el final del proceso.

El alumno debe incorporar valores. Y para mí, esa es la clave para una formación integral. La solidaridad, el compañerismo, la justicia, el compromiso... deben formar parte de ese valor añadido que incorporan nuestros chicos.

> *El profesor es el empresario que debe convertir a esos alumnos en un producto final más valioso de lo que lo era al principio.*

Por eso, necesitamos docentes corresponsables, no solamente responsables. Recuerdo un compañero de trabajo que ponía un ejemplo muy divertido para diferenciar esos dos conceptos. Nos presentaba un desayuno fenomenal, de esos que solamente podemos permitirnos el fin de semana cuando gozamos de algo de tiempo libre. ¿Quién no se ha preparado alguna vez un magnífico plato de huevos fritos con beicon? Pues bien, mi compañero señalaba claramente la diferencia entre responsabilizarse y corresponsabilizarse. En nuestro magnífico desayuno, la gallina se responsabiliza aportando los huevos. En cambio, el cerdo se corresponsabiliza de nuestro desayuno, puesto que se deja la vida.

Un docente corresponsable se entrega sin límites en la educación de sus alumnos. No deja de ser su tutor al sonar el timbre que indica el fin de las clases. Y se preocupa no solamente por los conocimientos que el alumno va adquiriendo con el paso de los años, sino también por los valores que va interiorizando y que conformarán en un futuro el tipo de persona que será.

 CONSEJO:

Querido profesor, la clave del éxito es lograr un equilibrio entre ser respetado y ganarte la confianza de tus alumnos.

8. A VER SI SEGUIMOS ASÍ DESPUÉS DE NAVIDADES

Soy profesor de Bachillerato. Eso significa que cada año recibimos a decenas de alumnos que provienen de la ESO (Enseñanza Secundaria Obligatoria) y comienzan el reto de estudiar una etapa posobligatoria a la que llegan con ilusión, miedo y esperanza.

Todos sabemos, y los chicos todavía más, que en esta etapa la cosa ya va en serio. Si bien en la ESO el objetivo era obtener el graduado y bastaba con ir aprobando durante los cursos, ahora la cosa cambia. Las notas que obtiene un alumno de la ESO no afectan demasiado a su futuro, siempre que apruebe. Al final, simplemente tiene el título o no. Es decir, que un alumno que ha obtenido en todas las materias sobresaliente tendrá el mismo título oficial que el que ha aprobado por los pelos (o, para qué engañarnos, con la ayuda del claustro de profesores).

En cambio, en Bachillerato cada nota que obtengan servirá para hacer media con la temida selectividad. Y esa media les permitirá entrar o no en la carrera y facultad deseadas. Por eso, siempre aconsejamos a nuestros chicos que vayan a por la máxima nota desde el primer día.

Mi dilatada experiencia como docente me permite asegurar que la mayor parte de mis compañeros están deseando que todos sus alumnos tengan el preciado título de graduado en secundaria.

En muchas ocasiones estoy convencido de que sufren más los propios profesores que algunos chicos que no son conscientes de que no obtener el graduado en secundaria les cierra las puertas para seguir estudiando Bachillerato o ciclos de grado medio.

A menudo observo cómo los profesores le dan vueltas y vueltas para intentar aprobar a chicos que tienen unos exámenes horribles. Si le subo por haber participado, o por traer un pequeño trabajo, o por ser puntual... Cualquier argumento sirve para intentar que el chico pueda aprobar la materia.

Estoy convencido de que no siempre que el profesor ayuda al alumno a aprobar una materia realmente le esté ayudando en su formación.

El esfuerzo, un valor que debemos recuperar, debe ser clave para que exista una recompensa. Por eso, cuando hay discusión para aprobar a un alumno que no llega a la barrera del cinco (a veces ni a la del cuatro), nos debemos preguntar si ha hecho todo lo posible. Si ha trabajado, si ha seguido nuestras indicaciones, si se nota que ha estudiado... En caso de una respuesta positiva, entiendo que se pueda aprobar a un alumno que no alcanza la suficiencia en las pruebas (eso sí, solamente en el caso de un final de etapa).

Además, creo que es educativo que los chicos experimenten que en la vida no todo es sencillo. Que son ellos los que deciden si estudian o no para aprobar y que la responsabilidad no debe recaer en los profesores. «Es que no me ha querido aprobar» es una frase que odio. No conozco a ningún compañero que haya suspendido a un chico con buenas notas y una actitud correcta.

Pero vamos a volver a mis queridos alumnos que se enfrentan a la nueva etapa de Bachillerato.

En las primeras reuniones los profesores suelen apuntar que el comportamiento de los chicos es muy bueno, que están muy atentos. Ese patrón acostumbra a repetirse durante las primeras semanas de curso.

Los chicos están a la expectativa. Los que ya eran buenos estudiantes se esfuerzan por estar a la altura y ratificar su intención de seguir por ese camino a los nuevos profesores.

Pero lo que más me gusta es que los alumnos que eran un poco «desas-

Una frase repetida en todas las reuniones de profesores durante el inicio de curso es: «A ver si seguimos así después de Navidades».

tre» tienen una oportunidad nueva para empezar de cero. Es una nueva carrera con un nuevo punto de partida. Pueden dejar atrás la fama que les precede y demostrar que ahora sí que están por la labor de estudiar.

Así que es frecuente que nos encontremos con sorpresas muy agradables. Chicos y chicas que durante la enseñanza obligatoria daban problemas académicos y conductuales, se convierten en el Bachillerato en alumnos interesados y motivados por las nuevas materias.

Pero los profesores debemos estar muy alerta. Porque a medida que pasan las semanas los chicos van cogiendo confianza y empiezan a sacar los verdaderos rasgos de su personalidad.

Por eso una frase repetida en todas las reuniones de profesores durante el inicio de curso es: «A ver si seguimos así después de Navidades».

Con esa frase los docentes expresan que no deben caer en la autocomplacencia. Deben seguir siendo exigentes y mantener el mismo ambiente de trabajo positivo que facilita la tarea del profesor y el aprendizaje de sus pupilos. Y si puede ser, hasta el mes de junio.

9. TENGO UN EXAMEN: NO SOY FELIZ

Las semanas avanzan y los chicos y profesores saben que en breve se tendrán que enfrentar a algo ineludible: los exámenes.

Algunos pedagogos insisten en cambiarles el nombre para que parezcan algo diferente a lo que son y los llaman pruebas de verificación, controles...

En realidad, son los exámenes de toda la vida con un nombre que parece esconder lo que realmente pretenden: evaluar si el alumno está teniendo un aprendizaje correcto o no.

No creo que sea conveniente endulzar los nombres de los retos a los que se deben enfrentar los alumnos. No en vano, sus años académicos deben servirles para saber afrontar los problemas a los que con toda seguridad se enfrentarán en la vida real: en sus trabajos, en sus hogares, etc.

Durante los últimos años las reformas educativas han ido encaminadas a intentar disfrazar el fracaso escolar. Pero eso no ayuda, como acabo de decir oculta una realidad que siempre ha existido y existirá. Lo que hay que hacer es poner remedio a ese fracaso, y yo creo que para poder solucionar un problema en primer lugar hay que reconocerlo y llamarlo por su nombre.

Muchos de los alumnos que suspenden no es ni por falta de motivación ni por diagnósticos de todo tipo que les hacen algunos psicólogos. Normalmente, es porque no han estudiado lo necesario para el examen que tienen pasado mañana.

Está claro que hay multitud de factores que se deben analizar en el desempeño escolar de un chico, pero a veces olvidamos el factor principal: el esfuerzo.

Y ya podemos llevar al chico a los mejores psicólogos, *coaches* de motivación, clases particulares, etc., que si decide no estudiar y no estar atento, es imposible que apruebe.

La última reforma que han hecho en la ESO es adelantar los exámenes extraordinarios al mismo mes de junio para que durante el verano los chicos no tengan que estudiar nada.

Os lo explico mejor. Antes, cuando un chico suspendía alguna materia a final de curso, tenía unos exámenes ordinarios en junio. Si aun así le quedaban materias pendientes, podía estudiar todo el verano y recuperarlas en septiembre.

Pues ahora no. El chico tiene sus notas finales a principios de junio y durante la segunda y tercer semana de ese mes hace las recuperaciones que antes tenía en septiembre.

¿Quién se cree que un chico que durante todo un año ha suspendido varias materias, ahora en una semana puede aprobarlas?

Una de dos, o es un genio y por tanto ha estado tomando el pelo a toda la comunidad educativa (profesores, familias...), o desde la Administración se está buscando que se le faciliten enormemente las cosas para que apruebe.

Ante esta situación los profesores estamos desconcertados. Han robado dos meses de esfuerzo del estudiante y a cambio le han dado una semana para preparar esas pruebas.

¿Qué debemos hacer? Aprobarles con un trabajito, quitarles una parte del contenido... En todo caso, si hacemos lo último y acabamos aprobándoles, quizás disfrazaremos el fracaso escolar, pero no creo que eso sea ni educativo ni mejore la cualificación de nuestros estudiantes.

Los alumnos nunca dejan de estar de exámenes, lo que supone un nerviosismo constante, puesto que no ven el inicio y el fin de los periodos de prueba.

La época de exámenes supone un momento de tensión para nuestros chicos. Actualmente en secundaria se realizan muchas pruebas durante las evaluaciones y, por tanto, nuestros chicos no se la juegan a una sola carta. Es lo que llamamos **evaluación continua.** Pero, a veces, debemos pensar que si cada profesor en su materia realiza cuatro o cinco pruebas, los alumnos nunca dejan de estar de exámenes, lo que supone un nerviosismo constante, puesto que no ven el inicio y el final de los periodos de pruebas.

Como siempre en la vida, hay que buscar un equilibrio. A edades tempranas no es bueno que el chico se juegue todo a una carta, pero tampoco lo podemos asfixiar con constantes pruebas de todas las asignaturas.

Lo que me hace gracia es que mientras toda la pedagogía moderna aboga por la evaluación continua y multitud de actividades de evaluación durante el curso escolar, nuestros chicos de segundo de Bachillerato se enfrentan a unas pruebas que nada tienen que ver con esto al final de curso.

La oficina de acceso a la universidad hace que, en tres maratonianos días, nuestros chicos realicen una media de siete exámenes (algunos, los que necesitan mucha nota, ocho exámenes en tres días). Es la famosa selectividad.

Algunas de esas pruebas se realizan a horas tan recomendables como las tres de la tarde en pleno mes de junio y sin aire acondicionado.

Los alumnos que necesitan notas de corte altas para acceder a sus carreras, por ejemplo, medicina, no pueden fallar en ninguna de las materias.

He sido testigo de alumnos magníficos que el primer día tenían un tropiezo en una de las materias y tenían que afrontar el resto de los días sabiendo que, aunque obtuvieran sobresaliente en el resto de asignaturas, ya no cumplirían su sueño. Que me expliquen qué tiene que ver esto con la evaluación continua.

Seamos coherentes y no prediquemos si después no vamos a acompañar nuestras teorías con el ejemplo.

Pido perdón si en este capítulo del libro he sido más crítico de lo normal, pero es que no existe conexión entre la nueva filosofía educativa y lo que más tarde exige la sociedad a nuestros chicos.

Se supone que debemos realizar una evaluación continua donde los exámenes pierdan importancia y se evalúe constantemente a través de pequeños controles, preguntas, ejercicios, etc. Es más, se nos dice que no debemos evaluar contenidos, sino competencias. Entonces, ¿cómo es posible que los chicos que quieren ingresar en la universidad tengan siete u ocho exámenes seguidos en los que se les preguntan principalmente contenidos?

Necesitamos claridad en la educación porque de lo contrario ni los docentes, ni los chicos ni los padres saben exactamente de qué se les evalúa.

Volviendo a la ansiedad que provocan las pruebas a nuestros chicos, quiero decir algo al respecto. Los exámenes han existido siempre. Y no podemos negar que seguirán existiendo por mucho que cambien los tiempos y las reformas educativas. Los podremos llamar con cientos de palabras edulcorantes que los hagan parecer menos fieros, pero a la postre todos los alumnos deben enfrentarse a una verificación de su aprendizaje.

Os voy a poner otro ejemplo de la falta de coherencia en este aspecto. Si las nuevas reformas educativas pretenden evaluar competencias y no contenidos, y además quieren desterrar la palabra «examen» de la jerga académica, deberíamos empezar por cambiar los procesos selectivos de las oposiciones a cualquier cuerpo de funcionarios.

En los procesos de oposición, si no sabes contenidos no apruebas. En los colegios debemos preparar a nuestros chicos para su posterior incorporación a la vida laboral en sociedad.

Si no les hacemos exámenes, ¿cómo se enfrentarán a unas oposiciones? La vida está llena de exámenes: el de conducir, el de patrón de barco, el que acredita un nivel de idiomas determinado, etcétera.

Hagamos el favor de ser serios. Hasta que no cambien las exigencias de la sociedad, dejemos que los profesores preparen a sus chicos para el mundo real.

Estoy de acuerdo en que actualmente los chicos deben tener una serie de habilidades sociales para desenvolverse en sus puestos de trabajo, que son fundamentales para su éxito. Deben saber hablar en público, deben ser capaces de trabajar en equipo, deben ser asertivos, tener empatía, etc.

La enseñanza actual potencia mucho más estas facetas frente a la que hace años ponía como referente de éxito de un alumno: la cantidad de contenidos que era capaz de memorizar.

Pero no nos equivoquemos. Es necesario saber mínimamente de un tema para poder hablar de él, para exponerlo y defenderlo públicamente. Por tanto, no podemos renunciar a los contenidos. Y si esos contenidos nos los enseña un profesional que domina la materia, mucho mejor que si los miramos en Internet.

Y los exámenes son una forma de controlar que nuestros alumnos van adquiriendo esos contenidos.

Hace unos días hablaba con un profesor de lengua que estaba desesperado porque sus alumnos cometían muchísimas faltas de ortografía. Tantas, que prácticamente no entendía lo que los chicos querían decir.

Las nuevas tecnologías como los móviles y las tabletas hacen que nuestros chicos pasen el rato jugando con ellas en su casa. Si antes leían poco, ahora todavía lo hacen menos. Aquí tenemos un enemigo importante para que la ortografía de nuestros muchachos sea buena. Por otro lado, hemos aceptado que cualquier comunicación por WhatsApp se realice con abreviaturas, palabras inventadas, faltas de ortografía, etc. Incluso en los medios de comunicación como la televisión observamos a menudo subtítulos con gravísimas faltas de ortografía.

Así que, lo siento mucho, pero a mi querido compañero profesor de lengua no le queda otro remedio que hacer que los chicos aprendan ortografía y gramática a la vieja usanza. Con dictados, con redacciones y, sí, también con exámenes que pongan a prueba sus avances.

Todo esto puede parecer aburrido y quizás lo sea. Pero la mejor alternativa para aprender a escribir es leer mucho y eso por desgracia no parece estar de moda.

Si por mí fuera, dedicaría como mínimo una hora semanal del

horario lectivo de los chicos a leer. Conseguiríamos matar dos pájaros de un tiro: por un lado, mejorarían su ortografía y por otro lado su comprensión lectora experimentaría una mejora que influiría en los resultados del resto de materias.

Porque está claro que un alumno que no lee bien es muy complicado que entienda un problema de matemáticas, de física o de cualquier otra materia.

Retomando el tema de los exámenes, quiero dejar claro que las pruebas son necesarias e intentar disfrazarlas y ponerles otro nombre no hace otra cosa que evitar que el chico se enfrente con la realidad: la académica y la de la vida real.

Eso sí, los docentes debemos entrenar a nuestros alumnos para esas pruebas y no realizarlas hasta que veamos que están preparados para afrontarlas con éxito. Y como siempre en la vida, los que más se esfuerzan y más atención prestan en las clases seguramente obtendrán mejores resultados.

Y a aquellos que a pesar de haber trabajado no les han salido las cosas bien, les prestaremos toda la ayuda necesaria, no les dejaremos tirar la toalla y seguramente el siguiente examen les vaya mucho mejor.

Pero aquellos que no se han esforzado y no han tenido una buena actitud en clase deben saber que existe una relación causa-efecto. Si no estudia y suspende no es porque el profesor sea malo o porque la materia sea aburrida. El alumno es el principal responsable. Eximir a los chicos de esa responsabilidad no es bueno para nadie.

El alumno que no trabaja debe tener claras las consecuencias de su actuación y el resto de alumnos que se esfuerzan deben ver que su esfuerzo tiene un resultado diferente del de aquellos que no lo hacen.

Y eso es madurar, y eso es educar, aunque a veces no resulte agradable. Los profesores tenemos una responsabilidad y, a menudo, esa responsabilidad pasa por decir verdades a los chicos y a sus padres. Si aprobamos a todos los chicos independientemente de su esfuerzo, no educamos ni a los chicos vagos ni a los estudiosos. Transmitimos un mensaje del todo falso, que es que el resultado siempre será bueno hagamos lo que hagamos.

El fracaso escolar no se evita eludiendo enfrentarse a los problemas, sino dando herramientas y confianza para que cuando aparezca un problema seamos capaces de resolverlo.

Os pongo un ejemplo. Podemos solucionar las malas notas en matemáticas (por cierto, en Cataluña los resultados en esta disciplina no son nada buenos cuando nos enfrentamos a informes internacionales) bajando el nivel o, por el contrario, trabajando más la asignatura para que los chicos estén mejor preparados.

Estaremos de acuerdo en que la primera medida es fácil y barata, pero no es la recomendable. Así que creo que nuestros políticos deben decirnos claramente si les importa o no la educación. Porque si comparamos la inversion pública de España con otros países como Finlandia, nos demuestran que solamente les preocupa de boquilla. Porque, en realidad, si algo te importa apuestas por ello. Así que, por favor, no tomemos el camino fácil y afrontemos los problemas con coraje y determinación.

10. PROFESORES O EDUCADORES

Todos tenemos claro que la función de nuestros docentes no es únicamente transmitir conocimientos. Pretendemos otorgar a nuestros chicos una formación integral donde los valores de solidaridad, respeto, honradez, etc., tengan un papel preponderante.

Pero en los últimos tiempos, en mi opinión, se ha infravalorado la competencia profesional por parte de los que imparten las diferentes materias.

Si está claro que un profesor no es una máquina que repite conocimientos específicos sobre la materia que imparte, no es menos cierto que no podemos desdeñar la idoneidad de los profesionales a la hora de asignarles una u otra materia.

Para que el desempeño de un profesional sea óptimo, debe amar aquello que explica, y para que esto suceda no podemos poner a dar clases de música al profesor de filosofía o clases de economía al profesor de historia.

La razón es obvia. No se sentirán cómodos con esa disciplina y no podrán desplegar todo su potencial frente a los alumnos.

Por desgracia, la falta de inversión pública y privada en educación no permite que las escuelas puedan gozar de especialistas de todas las materias y eso provoca que muchas veces el profesor que da clases no domine demasiado la asignatura que imparte. Como decimos coloquialmente, esos docentes llevan solamente una lección de ventaja sobre los alumnos, porque van preparando las clases a medida que va pasando el curso.

Eso reduce ostensiblemente la capacidad del profesor para ver de forma global la materia y no permite insistir en aquello que

realmente es importante y obviar aquello intrascendente. Pero, sobre todo, no permite que el profesor disfrute dando clase y, en consecuencia, no hace disfrutar a los que la reciben.

Que el docente sea experto en la materia que va a impartir no garantiza que el resultado sea un éxito, pero sí lo hace más posible. Estoy totalmente de acuerdo en que el profesor no solamente debe impartir conocimientos de su materia, debe saber transmitir su entusiasmo por su asignatura y aderezarla con valores. Porque educar exige que el docente transpire una serie de valores que el chico irá interiorizando poco a poco.

Pero estaremos de acuerdo en que difícilmente podemos pedir a un profesor que ni siquiera domina su materia que disfrute y transmita valores a sus chicos.

Por ese motivo, no entiendo muy bien las reformas educativas que se han implantado en los últimos tiempos. Resulta que el abanico de materias se ha ampliado de una forma exagerada en la educación obligatoria y posobligatoria, y eso es muy positivo, pero no hemos tenido en cuenta que esas nuevas materias requieren de perfiles profesionales diferentes.

Han aparecido materias como la tecnología, la robótica, la cultura audiovisual, el dibujo artístico, las artes escénicas, la economía, etc. Pero por desgracia, y por falta de dinero, muchas veces los profesores elegidos para dar esas materias no son ni ingenieros, ni licenciados en bellas artes, ni economistas.

En las escuelas privadas o concertadas es más evidente este problema. Tenemos los profesores que tenemos y no se puede exigir a una escuela pequeña que al cambiar el currículo de las materias contrate a cuatro o cinco especialistas nuevos. Simplemente, porque no es viable económicamente.

Todo esto hay que pensarlo antes de lanzar reformas revolucionarias. La educación es algo vivo y es lógico que se vayan cambiando materias y procesos, pero siempre se debería consensuar con el profesional que mira cada día de frente a los alumnos, es decir, con los profesores.

Lanzar nuevas materias sin dar tiempo a que los profesores se

91

reciclen o sin inyectar dinero para que las escuelas contraten perfiles nuevos de docentes, solamente genera incertidumbre e impotencia en los docentes. Y por desgracia, al final, eso lo pagan los alumnos.

Una vez que he dejado claro que la competencia profesional es necesaria para que el desempeño del profesor sea óptimo, es obvio que esperamos muchas más cosas de un profesor.

Como decimos en la materia de matemáticas, la competencia profesional del profesor es condición necesaria pero no suficiente para lograr el éxito en el aprendizaje de los alumnos.

Un profesor o un maestro (me encanta la palabra maestro) debe ser un libro abierto donde los chicos no solamente encuentren respuesta a sus inquietudes intelectuales, sino también a sus inquietudes vitales.

A lo largo de todos estos años como docente he vivido infinidad de situaciones vitales complicadas por las que los chicos pasan a lo largo de su infancia y adolescencia. La separación de sus padres, la muerte de un familiar cercano, problemas de aceptación con sus compañeros, etc.

Los profesores debemos saber tratar a los chicos que atraviesan estas dificultades con un tacto especial. No somos psicólogos, pero la experiencia nos da herramientas para saber qué es más adecuado en cada caso.

Recuerdo perfectamente el caso de un chico que era extraordinariamente inteligente y que en segundo de Bachillerato tuvo un bajón académico considerable. Hasta entonces, había sido uno de los alumnos más brillantes que nunca he tenido.

Pero ese año estaba siendo un año complicado para él. Le habían detectado una grave enfermedad a su padre y él era incapaz de pensar en otra cosa. Se estaba centrando únicamente en el dolor intenso que sufría y empezó a descuidar sus estudios. Era su forma natural de expresar que aquello que estaba sucediendo no era justo y que nada de lo que antes le importaba tenía para él ningún significado en ese momento.

Es una reacción totalmente normal en un adolescente de dieciocho años al que, de repente, le habían asestado el mayor golpe de su vida. Las charlas con su madre y la psicóloga parecían que únicamente servían para encender más su rabia y su impotencia.

Los profesores no recibimos formación para tratar estos casos. Aprendes a medida que te los vas encontrando. Pero está claro que lo que sí podemos hacer es dejar claro al chico que estamos a su lado de forma incondicional. Para lo que necesite. No se trata de obligarle a desnudar sus sentimientos cuando a nosotros nos parezca oportuno. Él debe ser quien decida ese momento. Pero nosotros, los docentes, debemos estar preparados para cuando llegue. Y ese momento suele llegar, escenificado por un abrazo del chico con su profesor y con lágrimas, muchas lágrimas que tienen un efecto balsámico y que seguramente dejarán de lado la rabia y la impotencia, para dejar paso al acompañamiento.

Una vez que el chico confía en su profesor y es capaz de exteriorizar todos sus sentimientos, hay un antes y un después. Porque entonces el alumno sabrá que lo que le aconseja su tutor es lo mejor para él y además se dará cuenta de que coincide con lo que le dicen sus familiares.

Esta historia tiene un final agridulce, como la mayoría de historias reales. El chico retomó sus estudios y acabó con un expediente brillante, seguramente más por su padre que por él mismo. Por desgracia, su padre no pudo recuperarse de la enfermedad, pero pudo ver a su familia unida y a su hijo con un futuro prometedor antes de despedirse de ellos.

Es imposible que un docente que no es capaz de transmitir y vivir los valores fundamentales como el cariño y el acompañamiento sea capaz de gestionar casos complejos como el que yo tuve la desgracia de vivir hace unos años.

Por eso los profesores deben ser mucho más que transmisores de conocimientos, deben ser la almohada en la que llorar cuando las cosas no van bien, los cómplices con los padres para ir todos en la misma dirección, los que se alegran por los éxitos de sus alumnos desde un segundo plano..., es decir, deben ser transmisores de una formación integral.

Y a eso, que es dificilísimo de conseguir, solamente nos podemos acercar si amamos profundamente lo que hacemos y sobre todo a los que tenemos delante. Y ese es el motivo por el que cuando era un niño me ponía celoso cuando oía hablar a mis padres en casa constantemente de sus alumnos y de cómo resolver los problemas que tenían. Porque en este trabajo no se puede desconectar nunca del todo, es más, siempre crees que no has hecho todo lo posible para motivar o ayudar a tus chicos. Y eso es natural y bueno.

 CONSEJO:

Solo si te emocionas con lo que explicas, podrás emocionar a tus alumnos.

11. LA MANZANA PODRIDA QUE SE SALVÓ POR EL RESTO DE MANZANAS DE LA CESTA

Hace nueve años que no soy tutor de ningún curso. Pero lo he sido durante más de quince años. El tutor es la figura más cercana que tiene un alumno en el colegio. Es el encargado de velar por su estado anímico, sus resultados académicos, sus problemas de relación, etc.

Por ese motivo los tutores son profesores de otra galaxia. A veces llegan a conocer a sus pupilos mejor que los propios padres. De hecho, cuando los niños son pequeños y no hay profesores especialistas, el tutor puede llegar a pasar seis horas diarias con los niños. Imaginad la estrecha relación que llegan a tener los chicos con la figura de su tutor. Normalmente, los alumnos llegan a olvidar los nombres de los profesores de las diferentes materias, pero los de sus tutores, nunca.

Cuando eres tutor, los fracasos y los éxitos de los chicos de tu clase se convierten en algo que vives como principal responsable. Hay veces que incluso hay que decirle a algún tutor que no es el único que incide en la educación de sus chicos, porque realmente en algún caso están convencidos de que todo es culpa suya, lo bueno y lo malo.

Hace unos cuantos años, cuando era tutor de un magnífico grupo de Bachillerato, me presentaron a un chico que entraba a mitad de curso rebotado de otro colegio.

No hay que juzgar a nadie por la primera impresión, pero no nos engañemos, todos extraemos alguna conclusión la primera vez que hablamos o nos presentan a alguien.

Yo tenía una clase fabulosa, en todos los sentidos. Académicamente era un curso brillante y a nivel de comportamiento, respon-

sabilidad, cooperación y solidaridad era de las mejores que me había encontrado durante mis años de docencia.

Lo primero que pensé al ver a aquel chico es que no encajaría para nada en la clase. Su forma de vestir era rebelde, tenía una mirada desafiante y se notaba que todo lo relacionado con los colegios le producía un rechazo enorme. En definitiva, estaba totalmente a la defensiva y no quería que nadie le diera sermones ni consejos sobre lo que tenía que hacer.

Cuando llegué a la sala de profesores comenté la jugada con mis compañeros y les dije que esperaba que esa manzana podrida no estropeara al resto de la clase.

Pero con lo que no contaba es con la ayuda de todos esos chicos y chicas que simplemente, con ser como eran, iban a cambiar totalmente a aquel muchacho que creía que el mundo entero estaba en su contra.

No fue un cambio repentino. Al principio, el chico estaba como en otro mundo. No estaba acostumbrado a que los profesores y los alumnos se llevasen bien, se divirtieran a la hora del patio juntos, en definitiva, no estaba acostumbrado a ver profesores que disfrutaran con sus alumnos en las clases.

El chico estaba descolocado. Por un lado, veía que no encontraba ningún aliado para generar desorden o caos en las clases, y por otro recibía un trato amable y cordial de sus compañeros y profesores.

Poco a poco, su actitud cambió: pasó de estar a la defensiva a sentirse relajado y a empezar a escuchar por primera vez lo que los profesores explicaban en las clases.

Además, empezó a simpatizar con un grupito de chicos y chicas de su clase que lo aceptaron de inmediato a pesar de su aspecto rebelde y su actitud chulesca.

Al cabo de unas semanas, el chico estaba totalmente adaptado y, lo que es más importante, por fin era feliz. Se había quitado de encima la máscara de chico malo, y ya no era necesario que siempre estuviera desafiando la autoridad de los profesores, simplemente porque todos veían a los profesores como personas que lo que deseaban era que a él, y al resto de chicos, las cosas les fuesen lo mejor posible.

Recuerdo a sus padres en las entrevistas a punto de llorar. Daban las gracias a los profesores y al colegio por haber conseguido lo que hasta entonces había sido imposible en otros centros. Como el chico era feliz en el colegio, también mejoró su actitud en casa con sus padres. Me comentaban que por primera vez se interesaba por estudiar las materias y que, incluso, el fin de semana había venido un amigo de su clase para repasar un examen de matemáticas.

Sus padres habían cambiado al chico de colegio, no solamente por los malos resultados académicos, sino porque temían que las malas compañías le llevaran por el camino equivocado, un camino de autodestrucción, de rabia contra todo y contra todos y de desmotivación hacia los estudios.

Cuando me preguntaron cómo lo habíamos conseguido, les dije que simplemente dejamos que todos siguieran siendo como eran antes de que su hijo aterrizara en ese colegio y en esa clase.

El resto de chicos había conseguido que la forma de ver la vida de aquel adolescente cambiara radicalmente. Ahora veía las cosas de otra manera. Nadie estaba en contra de él y, por tanto, no debía defenderse de nada ni de nadie.

> Así es cómo descubrí que a veces el resto de manzanas curan a la manzana podrida, aunque sea solamente en el mundo de la educación.
>
> Por eso, los profesores debemos preocuparnos no solamente por el bienestar de aquellos alumnos con «problemas», también por el de aquellos que parece que son perfectos, porque si logramos que los buenos alumnos estén a gusto y desplieguen todo su potencial, tendremos a los mejores aliados posibles para generar cambios positivos en todos los que les rodean.

Esta historia no es idílica. El chico que se convirtió en uno más de la clase y fue feliz durante los dos años de Bachillerato, tuvo que trabajar muy duro para alcanzar el nivel del resto de sus compañeros y sus calificaciones fueron muy justas al finalizar sus estudios. Pero fue feliz e hizo feliz a los que le rodean, y además estoy seguro de que cada vez que oiga el nombre del colegio donde estudió, esbozará una sonrisa sincera. Por supuesto, su nombre, su cara, su sonrisa, siempre me quedaron grabados y me hacen recordar que cuando hablamos de educar, nunca hay que dar nada por perdido.

 CONSEJO:

Genera un ambiente positivo y lograrás milagros en tus alumnos.

12. FIN DE CURSO: RISAS Y LLOROS

Hay muchas veces que pienso que sería fantástico que el curso nunca acabara. Conoces tu horario a la perfección, el funcionamiento de las clases en las que impartes materia, cómo tratar a los alumnos de tu tutoría.

Si además tienes algún cargo directivo, prácticamente te sabes de memoria el horario de tus compañeros. Cuando han pasado tres o cuatro meses de curso todo funciona a la perfección.

Pero los cursos académicos duran solamente diez meses y ese es el tiempo que tenemos profesores y alumnos para cumplir con los objetivos que teníamos previstos de antemano.

Una vez acabado el curso es hora de hacer balance de lo sucedido. Debemos aplicarnos lo que en gestión empresarial se denomina matriz DAFO, es decir, observar nuestras debilidades, amenazas, fortalezas y oportunidades.

Las debilidades y fortalezas pertenecen a nuestro ámbito interno. Podemos detectarlas fácilmente. Por ejemplo, si las notas de nuestros alumnos en selectividad han sido satisfactorias en algunas materias e insuficientes en otras tendremos identificadas nuestras fortalezas y debilidades.

MATRIZ DAFO (DEBILIDADES, AMENAZAS, FORTALEZAS Y OPORTUNIDADES)

INTERNO

FORTALEZAS	DEBILIDADES
⇨ Notas de selectividad o evaluación externa buenas en nuestra escuela.	⇨ Notas de selectividad o evaluación externa malas en nuestra escuela.
⇨ Alumnos satisfechos con el curso.	⇨ Alumnos no satisfechos con el curso.
⇨ Buena cohesión grupal en el curso.	⇨ Poca cohesión social en el curso.
⇨ Encuestas a las familias satisfactorias.	⇨ Encuestas a las familias no satisfactorias.
⇨ Profesores motivados e implicados.	⇨ Profesores desmotivados y poco implicados.
⇨ Alta participación de los alumnos en actividades extraescolares de la escuela.	⇨ Baja participación de los alumnos en las actividades extraescolares de la escuela.
⇨ Buen ambiente de trabajo en las clases.	⇨ Mal ambiente de trabajo en las clases.
⇨ Escuela con prestigio y reconocimiento.	⇨ Escuela con poco prestigio y reconocimiento.
⇨ Equipo directivo eficaz y cercano al profesorado y a las familias.	⇨ Equipo directivo poco eficaz y alejado de las necesidades del profesorado y familias.
⇨ Profesores con experiencia en la docencia.	⇨ Profesores sin experiencia en el mundo de la educación.

OPORTUNIDADES	AMENAZAS
⇨ Implementación de innovación pedagógica de forma racional. ⇨ Colaboración con entidades externas (universidades, empresas...). ⇨ Participación en premios, concursos convocados por universidades y entidades públicas / privadas. ⇨ Colaboración con universidades para realizar trabajos de investigación. ⇨ Bolsas de trabajo. ⇨ Participación en trabajos sociales con entidades del barrio (residencias de ancianos, otros centros educativos...). ⇨ Participación activa en todo tipo de actividades promovidas por las asociaciones del barrio (fiestas, recogida de alimentos, recogida de juguetes en la campaña de Reyes...).	⇨ Centros educativos cerca del nuestro que compiten por la matriculación de los mismos alumnos. ⇨ Natalidad baja que dificulta la sostenibilidad de algunos centros educativos. ⇨ Aumento de la exigencia de trámites burocráticos administrativos que no redundan en la mejora de los alumnos y consumen gran cantidad de esfuerzos y tiempo. ⇨ Inversión pública en educación insuficiente y muy por debajo de la media europea. ⇨ Poco reconocimiento social al papel del profesor que provoca que no se dediquen a esta profesión los mejores de cada ámbito profesional. ⇨ Baja remuneración en la carrera del docente que provoca que buenos profesionales de la educación cambien su rumbo profesional.

EXTERNO

Pero la educación no se basa solamente en datos objetivos, también es fundamental analizar el grado de satisfacción de los chicos en las clases, su crecimiento a nivel personal, su implicación en todas las actividades extraescolares, etc.

Todos estos datos no se miden del uno al diez, pero se palpan en el ambiente que hay en el centro escolar.

Las amenazas y oportunidades pertenecen al ámbito externo. Una amenaza puede ser que abran un centro escolar al lado de nuestro colegio que puede hacer que al acabar los estudios de primaria los chicos abandonen nuestra escuela para ir a cursar secundaria en el nuevo centro.

También la baja natalidad se convierte en una amenaza común para todos los centros educativos actuales, que vamos observando cómo cada vez contamos con menos niños que se matriculan en nuestros colegios.

En cuanto a las oportunidades que tenemos para mejorar y vender mejor nuestro producto podemos destacar la innovación pedagógica, la mayor participación de las familias en el proceso educativo de sus hijos, la colaboración con empresas que conecten la teoría que explicamos con la práctica, etc.

No obstante, no debemos volvernos locos. Es imposible que incorporemos todas las novedades pedagógicas y que sigamos haciendo también todo lo que hacíamos hasta ahora.

Hace unos días el director del centro educativo en el que trabajo pronunció un pequeño discurso al claustro, en el que nos decía que debíamos aprender a dejar de hacer cosas.

Con eso quería decir que no podemos hacer todo lo que estábamos haciendo hasta ahora más todas las cosas nuevas que las nuevas metodologías nos proponen.

No obstante, no debemos volvernos locos. Es imposible que incorporemos todas las novedades pedagógicas y que sigamos haciendo también todo lo que hacíamos hasta ahora.

Considero que estas palabras fueron un verdadero acierto. Soy testigo de profesores que se pierden en la burocracia educativa y dejan en un segundo plano lo más importante: dar buenas clases y conectar con los alumnos.

Voy a poner un ejemplo. En un equipo de baloncesto hay jugadores que realizan diferentes roles: algunos muy altos cogen rebotes e intimidan en defensa (los pívots), otros rápidos y con muy buen tiro se dedican a anotar muchos puntos desde fuera del perímetro (los aleros) y, por último, hay otros que suelen ser bajitos que organizan y reparten el juego (son los bases).

Imaginad que la estrella del equipo sea el base. Por muy bueno que sea, si le pidiéramos que cogiera rebotes y defendiera a jugadores de más de dos metros, le sería imposible por sus características físicas.

Si jugáramos un partido con cinco bases, por muy buenos que fuesen, no tendríamos ninguna posibilidad de ganar el partido.

En la educación no podemos pretender hacerlo todo nosotros solos. Necesitamos elegir qué métodos utilizamos y cuáles rechazamos. Y no necesariamente todo lo que ha funcionado durante años es peor que todo lo nuevo.

Por ejemplo, querer sustituir la explicación del profesor por vídeos tutoriales o información colgada en la red, no es de recibo. Los vídeos pueden completar esa explicación, pero el alumno necesita que el profesor vaya elaborando y adaptando lo que explica en tiempo real y en función de lo que va detectando en la clase. Un vídeo no detecta la cara de un alumno cuando se ha perdido o no sigue la explicación adecuadamente.

Y como en un partido de baloncesto, habrá profesores que darán mejor una clase magistral clásica, otros que serán más innovadores y otros que serán carismáticos y les transmitirán valores fundamentales con su ejemplo.

Y todos ellos son necesarios y ninguno de ellos debe renunciar a lo que mejor sabe hacer. Porque, simplemente, en esa diversidad está la riqueza que llega al alumno.

Poner al base a coger rebotes o al pívot a subir el balón no tendrá un resultado óptimo para el resultado del partido. Lo importante es que todos los jugadores aporten lo mejor al equipo. Eso deben hacer los profesores. Así que no es necesario que todos los docentes sean exactamente iguales para que el resultado final sea el mejor.

En conclusión, debemos explotar al máximo nuestras fortalezas, intentar mejorar con nuestras debilidades, aprovechar nuestras oportunidades y no dejarnos medrar por las amenazas.

Por ejemplo, un profesor que es un gran comunicador no debe dejar de dar clases magistrales porque es su fortaleza. Si no es un gran experto en aplicaciones informáticas relacionadas con la educación, debe ponerse al día porque es su debilidad y a la vez supone una oportunidad para variar sus clases un poquito.

Y, por último, debe colaborar con el centro educativo para superar la baja natalidad, que supone una amenaza para la matriculación de su colegio, por ejemplo, participando en jornadas de puertas abiertas donde se muestra y se vende el proyecto educativo del centro.

Pero, como en cualquier equipo de baloncesto, las individualidades no suelen llevarnos al éxito a medio o largo plazo.

Debemos explotar las fortalezas de cada jugador, pero debe existir un entrenador que fomente el juego en equipo. Solamente consiguiendo un juego colectivo de calidad podremos cumplir con nuestros objetivos.

En la educación pasa lo mismo que en el deporte. Debemos aprovechar las características individuales de cada profesor, pero a la vez es necesario que se trabaje en equipo y que unos profesores colaboren con otros para conseguir el resultado deseado con nuestros alumnos.

Esta tarea corresponde a los directivos de las escuelas pero, sobre todo, a la voluntad del profesorado para colaborar y ayudar al resto de compañeros.

El hecho de que los profesores seamos totalmente autónomos cuando entramos en un aula hace que a veces creamos que lo que hacemos es lo mejor y que los demás deben aprender de nosotros y no al revés.

En una oficina, los trabajadores están unos al lado de otros y es fácil fomentar el trabajo en equipo y la toma de decisiones colectivas. Los profesores estamos acostumbrados a ser los dueños y señores de nuestras clases. Por ese motivo, es fundamental que existan momentos para compartir experiencias, para hablar de nuestras prácticas docentes, etc.

En los últimos años, la excesiva burocratización de la docencia ha hecho que en la mayoría de reuniones no tengamos tanto tiempo para hablar de lo más importante: de nuestros alumnos y de nuestras impresiones al dar la clase.

En este libro quiero reivindicar la priorización de algunas prácticas como las reuniones para hablar de alumnos, por encima de las cuestiones administrativas que en los últimos tiempos están consumiendo muchas energías de los docentes.

Las reuniones de final de curso que se hacen por etapas deben servir para poner de manifiesto nuestros aciertos, nuestros errores y las metas que queremos conseguir el curso que viene.

Pero si los profesores hacemos balance cada curso de cómo ha funcionado todo, los alumnos también lo hacen. Y además, sus reacciones ante los resultados son mucho más evidentes. Por algo son adolescentes con unas emociones en plena efervescencia.

Debido a que los docentes somos conscientes de este hecho, las notas finales de curso las solemos dar de forma individualizada por dos motivos. En primer lugar, porque el alumno se merece un trato personal en el que su tutor analice con él los resultados obtenidos. De esa manera puede aconsejarle, felicitarle o indicarle qué hacer para subsanar sus errores. En segundo lugar, porque los chicos de dieciocho años tienden a expresar de forma espontánea y muy notoria su alegría o decepción.

Imaginad cómo se puede sentir un chico que ha suspendido y no puede hacer la selectividad, al ver a otro que da muestras de alegría porque los resultados le han ido muy bien. Por eso los profesores a final de curso debemos estar preparados para las risas y los lloros.

En el caso de las risas nos toca alegrarnos con ellos, puesto que el éxito de nuestros discípulos no deja de ser nuestro propio éxito, y en el caso contrario debemos tratar de abrir un mar de posibilidades en el chico que ahora lo ve todo negro porque precisamente necesita aferrarse a la esperanza de que aquí no se acaba el mundo y que sus sueños pueden cumplirse más adelante, quizás en septiembre del mismo año o quizás el que viene.

En definitiva, en esos momentos tan delicados para los chicos los docentes tenemos que estar a la altura, tanto para las duras como para las maduras.

13. LA JUBILACIÓN: CUANDO UN AMIGO SE VA

En los últimos años se han jubilado algunos compañeros con los que había forjado una verdadera amistad.

Parece que ese momento nunca va a llegar. Los ves año tras año y piensas que siempre los vas a tener a tu lado. Que te seguirán echando una mano cuando lo necesites, que entre clase y clase te explicarán alguna cosa divertida, que entrarán a tu aula sin avisar, te mirarán y delante de los chicos soltarán alguna ocurrencia o algún secretillo sobre ti que arrancará una carcajada entre los alumnos.

En definitiva, cuando llevas décadas trabajando con esos compañeros llegan a ser como uno más de tu familia. En realidad, compartes con ellos media vida, forman parte de las conversaciones de tu hogar y sin darte cuenta despiertan en ti un sentimiento de verdadero cariño.

Tengo que reconocer que yo he sido para ellos como su hijo pequeño en el trabajo. Me han cuidado, me han mimado y, sobre todo, me han hecho sentir muy querido. De momento, sigo viéndolos regularmente, pero ya sabemos que a medida que pasan los años, es complicado mantener la relación. Me asusta pensar que pueda perder el trato con unas personas que durante décadas han sido una pata fundamental de mi día a día.

Estos compañeros han pasado más de cuarenta años dedicados a la enseñanza. Han vivido decenas de reformas educativas, han escuchado a cientos de pedagogos, han asistido a centenares de reuniones y, lo más importante, han educado a millares de chicos y chicas.

Profesor a mucha honra

Pienso en mis compañeros y sonrío porque sé con toda seguridad que han contribuido a mejorar la sociedad formando a miles de profesionales y jóvenes que ahora son los nuevos responsables de hacer un mundo un poquito mejor.

Solamente me apena algo que les repetía en los últimos años y es que no han podido llegar a ser profesores de mis hijos. ¿Recordáis aquello que os decía en capítulos anteriores? El mejor profesor es aquel que deseamos para nuestros hijos.

Pero, seguramente, su forma de ser, su forma de enseñar, no solamente ha llegado a sus alumnos. El resto de profesores también nos hemos impregnado de sus valores: responsabilidad, dedicación, esfuerzo y, ¿por qué no?, también alegría a la hora de hacer las cosas.

De ellos he aprendido que el docente es un equilibrista que debe conjugar exigencia hacia el alumno, para sacar lo mejor de él, pero a la vez debe mostrarle amor y cariño. No todos los profesores somos capaces de lograr ese equilibrio, pero sin duda es la clave para lograr el éxito con nuestros chicos.

Estas líneas son un homenaje a vosotros: mis queridos compañeros Pedro, Conxi, Flora, Tere, Montse, José Antonio y Carles, mis amigos y mis referentes a la hora de ser el profesor que hoy en día soy.

Me gustaría poder explicar cómo vive el profesor que se jubila los días posteriores a su merecido descanso. Debe de ser una situación extraña.

Cuando estás más de cuarenta años en un colegio llegas a pensar que eres una parte fundamental de esa institución.

La realidad me ha enseñado que, en un par de años, incluso aquellos profesores que habían sido un referente y un pilar fundamental en la institución, pasan con rapidez al ostracismo más absoluto.

Te recuerdan solamente aquellos chicos que tuviste en los últimos años. Cuando esos chicos acaban sus estudios, pasas a ser una simple foto en las orlas que adornan los pasillos donde aparecen todas las promociones de alumnos del colegio.

Pero eso no debe dolernos. Tu huella ya perdura para siempre en las enseñanzas y valores que has transmitido durante toda tu etapa laboral. Esos chicos que tuviste, ahora son padres que inculcan a sus hijos los principios que tú les enseñaste. Y a su vez, esos chicos harán lo mismo cuando sean padres. Así que debemos pensar que nosotros nos jubilamos, pero lo que hemos logrado enseñar a nuestros alumnos perdura para siempre.

Cuando pienso de este modo, la tristeza que me produce no ver cada día a mis compañeros jubilados se convierte en esperanza y alegría al darme cuenta de que sus enseñanzas siempre estarán en nuestros chicos, y también en mí.

Mis queridos compañeros han sido sustituidos por profesores nuevos. El destino ha sido muy generoso conmigo. Los nuevos docentes han resultado ser unas magníficas personas con las que poco a poco empiezo a tener una relación de amistad. Quién sabe, quizás los mismos sentimientos que tengo hacia mis compañeros jubilados lleguen a tenerlos ellos hacia mí cuando yo me jubile.

Está claro que en los trabajos no venimos a hacer amigos. Pero también es evidente que el buen ambiente entre los compañeros que buscan un objetivo común hace mucho más fácil su consecución. Por eso, fomentar una relación sana y afectuosa entre los profesores es fundamental para que las cosas funcionen bien. Y los chicos, que son como radares, se dan cuenta de esta situación. Saben que un claustro enfrentado es manipulable, mientras que un claustro unido no será fácilmente chantajeable y mantendrá su criterio educativo a pesar de que puedan existir presiones externas.

Este capítulo trata de ser un pequeño homenaje a todos vosotros, profesores, que habéis dejado todas vuestras ilusiones, vuestro trabajo y vuestro empeño en hacer un poquito mejor este mundo.

No quiero que ni por un momento estéis tristes. Habéis puesto vuestro granito de arena para que nuestra sociedad sea más justa, más solidaria y más respetuosa. Os toca ahora dedicaros a aquellas personas que forman vuestra familia, a aquellas aficiones que teníais descuidadas, a conversar y reír con vuestros amigos y, eso sí, a pasaros por vuestro antiguo colegio y saludar a los compañeros que han compartido vuestro camino durante decenas de años.

Vuestro ejemplo, con toda seguridad, pervivirá en la forma de enseñar y actuar de los profesores que os conocieron durante vuestra vida laboral.

 CONSEJO:

Querido profesor: tus valores y enseñanzas pervivirán para siempre en todos los jóvenes que han pasado por tus manos.

14. PROFESOR A MUCHA HONRA

Este libro no trata de ser una guía para los nuevos profesores. Tampoco pretendo enseñar nada novedoso ni descubrir alguna revolución metodológica en la enseñanza.

Ni siquiera pretendo ser un ejemplo para nadie. Lo he escrito porque tenía la necesidad de mostrar mi agradecimiento a esta profesión que me ha convertido en quien soy. Con mis virtudes, que son pocas, y con mis defectos, que son mucho más numerosos y notorios.

He sido profesor durante los últimos veinticinco años y eso ha marcado mi forma de ver a los adolescentes, la manera de educar a mis hijos y, en definitiva, el estilo de vida que he decidido tener desde que abandoné la facultad.

Sin las vivencias que me han transmitido los miles de chicos y chicas a los que he dado clase sería una persona diferente. Creemos que somos los docentes los que enseñamos y hacemos madurar a los chicos, y en parte esto es cierto, pero no debemos olvidar que ellos nos aportan mucho más de lo que imaginamos.

Los profesores que damos clase en Bachillerato y en la universidad nos enfrentamos a chicos y chicas en plena efervescencia hormonal. Sus sentimientos de solidaridad, justicia, amor, amistad, tristeza, alegría... están sobredimensionados.

Poder vivir en directo cada día esos sentimientos brutales y tener que ayudarles a gestionarlos nos enriquecen de una manera que ni siquiera podemos imaginar.

Somos afortunados, formamos parte de una etapa de la vida de los chicos que acabará definiendo el tipo de persona en que se convertirán. Y ahí estamos nosotros, para aconsejarles, para ayudarles, en definitiva, para convertirlos en personas maravillosas.

Quiero dar las gracias a todos y cada uno de los chicos y chicas que han pasado por mi vida. A todos aquellos que han confiado en mí y me han permitido el lujo de ser alguien importante en su vida, al menos durante unos años.

También quiero agradecer a sus padres la confianza que han depositado en mí y en mis compañeros, al dejar en nuestras manos aquello que más quieren.

Como veis, este libro trata de reconciliarnos con la profesión más bonita del mundo: la de educar y convertir en buenas personas a las personas más importantes del mundo: nuestros hijos.

APRENDE ECONOMÍA

Iñaki Jiménez Largo

Índice

Reseña

¿Por qué algunos youtubers pagan sus impuestos en Andorra? ¿Cómo nos afecta la increíble subida de los precios? ¿Cuál es el futuro de las pensiones? ¿Qué papel desempeñan las brechas de género en el mundo de la economía? Este sencillo libro te ayudará a responder estas y otras preguntas a través de unas explicaciones amenas y comprensibles para cualquier lector que no esté familiarizado con el mundo económico.

Formato: 15,5 x 23 cm. Encuadernación: rústica con solapas. Páginas: 144

ISBN papel: 978-84-368-4768-0

ISBN ePub: 978-84-368-4769-7